WÖRTERBUCH

zu den bilateralen Theologischen Dialogen
zwischen der Evangelischen Kirche in
Deutschland
und orthodoxen Kirchen (1959–2013)

Reinhard Thöle/
Martin Illert (Hrsg.)

WÖRTERBUCH

zu den bilateralen
Theologischen Dialogen
zwischen der
Evangelischen Kirche
in Deutschland
und orthodoxen Kirchen
(1959–2013)

EVANGELISCHE VERLAGSANSTALT
Leipzig

Bibliographische Information der Deutschen Nationalbibliothek
Die Deutsche Nationalbibliothek verzeichnet diese Publikation in
der Deutschen Nationalbibliographie; detaillierte bibliographische
Daten sind im Internet über http://dnb.dnb.de abrufbar.

© 2014 by Evangelische Verlagsanstalt GmbH · Leipzig
Printed in Germany · H 7764

Das Buch wurde auf alterungsbeständigem Papier gedruckt.

Cover: Kai-Michael Gustmann, Leipzig
Satz: Jochen Busch, Leipzig
Druck und Binden: Hubert & Co., Göttingen

ISBN 978-3-374-03799-5
www.eva-leipzig.de

ZUM GELEIT

Seit dem ersten Theologischen Gespräch von Arnoldshain im Jahr 1959 mit der Russischen Orthodoxen Kirche führt die Evangelische Kirche in Deutschland bilaterale Theologische Dialoge mit der Orthodoxie. 1969 wurde der Dialog mit dem Ökumenischen Patriarchat Konstantinopel aufgenommen, und ein Jahrzehnt später begannen die Gespräche mit der Rumänischen Orthodoxen Kirche. Zwischenzeitlich hatte auch der Bund der Evangelischen Kirchen in der DDR Gespräche mit der Russischen Orthodoxen Kirche und der Orthodoxen Kirche Bulgariens initiiert. Nicht zuletzt dank dieser bilateralen Theologischen Dialoge entstand in Zeiten, die für Osteuropa politisch schwierig waren, ein stabiles Netz vertrauensvoller ökumenischer Beziehungen, das die EKD bis heute, unter veränderten Bedingungen, intensiv pflegt.

Gegenwärtig leben über anderthalb Millionen orthodoxer Christen in Deutschland. Wenn auch eine Kirchengemeinschaft zwischen Evangelischen und orthodoxen Christen derzeit nicht möglich ist, so wissen wir uns doch unseren orthodoxen Geschwistern im Glauben an das Evangelium verbunden. Das vorliegende »Wörterbuch zu den bilateralen Theologischen Dialogen zwischen der EKD und orthodoxen Kirchen (1959–2013)« gibt ein klares Zeugnis von dieser Erfahrung der Nähe und dem Bewusstsein ökumenischer Zusammengehörigkeit, das wir weiter vertiefen und ausbauen möchten.

Das den Stichworten unmittelbar vorausgehende Verzeichnis führt die Delegationsleiter auf, die an den bilateralen Theologischen Dialogen beteiligt waren. Als ein »Who is Who« der bilateralen Dialoge zwischen der EKD und den orthodoxen Kirchen hält es die Verdienste der kirchenleitenden Persönlichkeiten beider Konfessionen in dankbarer Erinnerung, die vor uns die bilateralen Theologischen Dialoge zum Nutzen unserer Kirchen führten.

Bischöfin Petra Bosse-Huber
Leiterin der Ökumene- und Auslandsarbeit
im Kirchenamt der EKD

INHALTSVERZEICHNIS

EINLEITUNG

Das »Wörterbuch zu den bilateralen Theologischen Dialogen der Evangelischen Kirche in Deutschland und orthodoxen Kirchen (1959–2013)« möchte die theologischen Erträge der Dialoge aus mehr als fünf Jahrzehnten in greifbarer und übersichtlicher Form vorlegen und damit zur Ergebnissicherung und Rezeption der Dialoge beitragen. Zusammengestellt werden dabei die theologischen Abschnitte aus den von orthodoxer und evangelischer Seite gemeinsam formulierten Kommuniqués der Dialoge und aus den ebenfalls gemeinsam verantworteten Berichten an die Kirchenleitungen.

Merkmale der Quellentexte

Innerhalb der kirchenamtlich geleiteten Dialoge bilden die Kommuniqués ein eigenes Genre theologischer Literatur. Dieses besondere Genre wird begründet durch seine Funktion im Dialoggeschehen. Während bei den Dialogbegegnungen die Diskussionen der Vorträge in freier und offener Form stattfinden, setzt schon bald die Arbeit am Kommuniqué parallel dazu ein, bei der eine kleine Arbeitsgruppe aus beiden Delegationen beauftragt ist, die Vorträge und Diskussionen zu bündeln und zusammenzufassen. Ein Kommuniqué durchläuft mehrere Lesungs- und Korrekturphasen, bei denen sich der Dialog noch einmal zuspitzen kann, ergänzende oder kontroverse Aspekte berührt werden können, und endlich Ergebnisse in verbindlicher Form formuliert werden. Die Arbeit am Kommuniqué stellt somit einen Dialog im Dialog dar. Die Kommuniqués bilden auch über den theologischen Teil hinaus den Rahmen des größeren Kontextes der Dialoge ab. Dieser umfasst die Namen der Beteiligten, die Themen der Beiträge, das Besuchsprogramm, offizielle Grußworte, Rück- und Ausblicke. Die Kommuniqués sind damit Spiegel der zeitgeschichtlichen, politischen und kirchenpolitischen Gegebenheiten der Dialoge. Sie werden den Kirchleitungen beider Seiten zur Annahme vorgelegt.

Die gemeinsamen Berichte an die Kirchenleitungen stellen eine Bestandsaufnahme der Dialoge nach mehreren Jahrzehnten ihrer Existenz dar. Dabei ist zu bedenken, dass die gesellschaftlichen Umbrüche im ehemaligen kommunistischen Machtbereich einen Rückblick und eine Neubewertung für manche Dialogphasen angezeigt sein ließen. Nicht zu vergessen ist auch, dass die Dialoge bis zu den Berichten bereits von mehreren Generationen kirchenleitender Persönlichkeiten und theologischer Lehrer geprägt wurden. Neu hinzu berufene Mitglieder der Delegationen mussten und müssen sich in die bisherige Dialoggeschichte theologisch einarbeiten und emotional einfinden.

Beobachtet man die Formgeschichte der Kommuniqués, kann man feststellen, dass diese als Aufwertungsgeschichte einer Gattung angesehen werden kann. Waren zu Beginn des Arnoldshainer Dialoges an die Kommuniqués theologische Thesen angehängt worden, wanderte der theologische Teil dann doch bald in den Text der Kommuniqués selbst. Das Kommuniqué fand so zu seiner »klassischen« Form. Auch wenn gelegentlich im Vorfeld der Dialoge überlegt wurde, ob ein Kommuniqué in der bisherigen Form wünschenswert, notwendig oder hilfreich sei, ja einmal sogar beschlossen wurde, ein solches Kommuniqué nicht anzufertigen, lief die Dynamik der Dialoge doch darauf hinaus, nach bewährter Art das Kommuniqué anzufertigen. Eine besondere ekklesiologische Aufwertung der Kommuniqués kann im Dialog mit dem Patriarchat Konstantinopel verzeichnet werden. Seit der 14. Dialogbegegnung von 2007 in Schloss Oppurg wird auf Anregung des inzwischen verstorbenen Metropoliten Dr. Michail (Staikos) von Austria dem Kommuniqué ein gemeinsam gewähltes Wort der Hl. Schrift vorangestellt und Text des Kommuniqués seitdem begonnen mit:»Versammelt im Namen Gottes des Vaters und des Sohnes und des Heiligen Geistes fand von ...«(KON XIV).

Dieses Wörterbuch stellt die theologischen Abschnitte der Kommuniqués in den Mittelpunkt und stellt sie anhand eines Stichwort-Paares dar. Das führt zu einer dialogübergreifenden Auswertung, bei der die Texte synoptisch ergänzend gelesen werden können. Eine synoptische Lektüre ist auch dadurch gerechtfertigt, dass die Dialogpartner der EKD zwar zu verschiedenen Mutterkirchen gehören, aber dennoch nach eigenem Verständnis jedes der orthodoxen Patriarchate die Orthodoxe Kirche in ihrem Gesamt repräsentiert. Manchmal berühren die theologischen Abschnitte auch Ergebnisse der Dialoge, die die Panorthodoxie seit 1981 mit dem Lutherischen und seit 1986 mit dem Reformierten Weltbund führt und die Dialoge, die zwischen orthodoxen und lutherischen Kirchen in den USA seit 1983 und in Finnland seit 1970 stattfinden.

Die Eigenart der Dialoge

Die Verzahnung der unterschiedlichen Dialoge schmälert jedoch nicht die Eigenständigkeit der verschiedenen Dialogzweige, die zu verschiedenen Zeiten in verschiedenen Kontexten begonnen wurden. So zeigt der Dialog mit dem Moskauer Patriarchat, der nach vorbereitenden Gesprächen offiziell im Jahr 1959 begann, kirchliche Perspektiven zur Versöhnung der beiden Völker nach den Erblasten des 20. Jahrhunderts auf. Nach der politischen Wende waren auch Vertreter der lutherischen Kirche auf dem Gebiet Russlands beteiligt. Die Gespräche des ehemaligen Bundes der Evangelischen Kirchen in der DDR (BEK) bedachten besonders die gemeinsame Situation der beteiligten Kirchen in einer sozialistischen Gesellschaft. Die Gespräche des BEK mit der Bulgarischen Orthodoxen Kirche wollten die Kontakte vor Ort erleichtern und ein Zeichen der Solidarität setzen mit der Kirche, die in Bulgarien in schwieriger Situation war. Die Gespräche zwischen dem Ökumenischen Patriarchat und der EKD begannen 1969 als »Dialog der Liebe und der Einheit« (so Patriarch Dimitrios I.). Sie konnten verstanden werden als eine Wiederaufnahme der Kontakte, die im 16. Jahrhundert die Tübinger reformatorischen Theologen Martin Crusius und Jakob Andreae mit dem Patriarchen Jeremias II. pflegten. Auch in diesem Dialog wurden die Ereignisse des Zweiten Weltkrieges und der deutschen Besatzung in Griechenland nicht ausgeklammert. Das Entstehen einer großen griechischen Metropolie mit Sitz in Bonn-Beuel im Gefolge der Anwerbung ausländische Arbeitnehmer machte ein gemeinsames Zeugnis für Europa nötig. Die Besonderheit der Begegnungen mit dem Patriarchat Bukarest, die 1979 begannen, lag darin, das an ihnen auch die in Rumänien einheimischen Kirchen der lutherischen Siebenbürger Sachsen und der Reformierten ungarischer Nationalität beteiligt waren. Die Gründung einer rumänischen Metropolie mit Sitz in Nürnberg nach der politischen Wende verschränkte die Beziehungen zwischen den Kirchen weiter.

Lässt man die Zusammenstellung der theologischen Ergebnisse der Dialoge auf sich wirken, kann man grundsätzlich feststellen, dass in vielen Punkten eine überraschende theologische Nähe beschrieben worden ist, die so auf dem Hintergrund der jahrhundertelangen kontrovers-theologischen Polemik und Sprachlosigkeit zwischen den Kirchenzweigen nicht unbedingt zu erwarten waren. Vielleicht erwacht sogar eine Ahnung, dass hinter den Kontroversen bereits eine Einheit durchschimmert, die noch nicht ausgesprochen werden kann und noch erarbeitet werden muss, aber auf einer Metaebene vielleicht schon vorhanden sein könnte. Oft wurde im Verlauf der Gespräche von Delegationsmitgliedern beider Seiten Erstaunen und Erleichterung darüber zum Ausdruck gebracht, wie nahe man fundamentaltheologische Kontexte beschreiben kann, wenn man alte stereotype Vorurteile hinter sich gelassen hat. Die beteiligten Kirchen stehen erst am Anfang, sich zu verstehen, und sich gegenseitig vertiefend zu entdecken. Aus diesen Gründen muss man auch einer Dialogskepsis gegenübertreten, die manchmal sowohl in orthodoxen wie in evangelischen Kreisen gepflegt wird und die den Nutzen dieser Dialoge überhaupt in Frage stellt, weil diese nicht vorschnell kirchenpolitische Resultate liefern.

Allerdings kann nicht alles, was theologisch schon gemeinsam festgestellt ist, sofort kirchliche und kirchenpolitische Konsequenzen haben. Anders als im Dialog zwischen den Westkirchen führen Teilkonsense nicht zur gegenseitigen Teilanerkennung als Kirchen. Es hat sich aber herausgestellt, dass die theologischen Dialoge selbst, die im Rahmen von kirchlichen Begegnungen stattfinden, eine eigene ekklesiologische Qualität angenommen haben. Die theologischen Gespräche sind eingebettet in ein geistliches Leben, in aufmerksame und liebevolle Begegnungen und in Besuchsprogramme, bei denen die Delegationen Freuden und Sorgen der Partner teilen. Diese Qualität kann man mit Begriffen wie »Weggemeinschaft« oder »Zeugnis und Dienstgemeinschaft« beschreiben. Im Dialog mit dem Bukarester Patriarchat können die Dialoge sogar als »ekklesiales Band« (GOS VII) und »geistliches Ereignis« bezeichnet werden (BER RumOK). Denen, die mit dem »Wörterbuch zu den bilateralen Theologischen Dialogen zwischen der Evangelischen Kirche in Deutschland und orthodoxen Kirchen (1959–2013)« arbeiten, sei gewünscht, dass sie zusammen mit der Arbeit an den Ergebnissen etwas von dieser eigenen Dignität der evangelisch-orthodoxen Dialoge spüren.

Reinhard Thöle

DIE SIGLEN
IN CHRONOLOGISCHER ORDNUNG

a. Bilateraler Theologischer Dialog mit der Russischen Orthodoxen Kirche

ARN I Tradition und Glaubensgerechtigkeit. Das Arnoldshainer Gespräch zwischen Vertretern der Evangelischen Kirche in Deutschland und der Russisch-Orthodoxen Kirche vom Oktober 1959, Studienheft 3, herausgegeben vom kirchlichen Außenamt der EKD, Witten 1961, 10–11. (Arnoldshain 27.-29.10.1959)

ARN II Vom Wirken des Heiligen Geistes. Das Sagorsker Gespräch über Gottesdienst, Sakramente und Synoden, zwischen Vertretern der Evangelischen Kirche in Deutschland und der Russischen Orthodoxen Kirche, Studienheft 4, herausgegeben vom Kirchlichen Außenamt der EKD, Witten 1964, 18–33. (Sagorsk 21.-25.10.1963)

ARN III Versöhnung. Das deutsch-russische Gespräch über das christliche Verständnis der Versöhnung zwischen Vertretern der Evangelischen Kirche in Deutschland und der Russischen Orthodoxen Kirche, herausgegeben vom Kirchlichen Außenamt der EKD, Studienheft 5, Witten 1967, 19–26. (Höchst 3.-8.3.1967)

ARN IV Taufe – Neues Leben – Dienst. Das Leningrader Gespräch über die Verantwortung der Christen für die Welt zwischen der Evangelischen Kirche in Deutschland und der Russischen Orthodoxen Kirche, Studienheft 6, herausgegeben vom Kirchlichen Außenamt der EKD, Witten 1970, 24–32. (Leningrad 12.–19.9.1969)

ARN V Der auferstandene Christus und das Heil der Welt. Das Kirchberger Gespräch über die Bedeutung der Auferstehung für das Heil der Welt zwischen Vertretern der Evangelischen Kirche in Deutschland und der Russischen Orthodoxen Kirche, herausgegeben vom Kirchlichen Außenamt der EKD, Studienheft 7, Witten 1972, 18–24. (Kirchberg 20.–28.10.1971)

ARN VI Die Eucharistie. Das Sagorsker Gespräch über das Heilige Abendmahl, Studienheft 8, herausgegeben vom Kirchlichen Außenamt der EKD, Witten 1974, 23–27. (Sagorsk 26.–29.11.1973)

SAG I Das erste Theologische Gespräch zwischen dem Bund der Evangelischen Kirchen in der DDR und der Russischen Orthodoxen Kirche vom 8. bis zum 11. Juli 1974 im Dreifaltigkeits-Sergius-Kloster zu Sagorsk (Sagorsk I), in: Die theologischen Gespräche zwischen der Russischen Orthodoxen Kirche und dem Bund der Evangelischen Kirchen in der DDR, herausgegeben von Christoph Demke, Berlin 1982, 10–16. (Sagorsk 8.–11.7.1974)

ARN VII Das Opfer Christi und das Opfer der Christen. Das Arnoldshainer Gespräch über die Bedeutung des Opfers im Heiligen Abendmahl. Beiheft zur Ökumenischen Rundschau 34 (Studienheft 10), herausgegeben vom Kirchlichen Außenamt der EKD, Frankfurt 1979, 40–55. (Arnoldshain 6.–10.6.1976)

SAG II Das zweite Theologische Gespräch zwischen dem Bund der Evangelischen Kirchen in der

DDR und der Russischen Orthodoxen Kirche vom 12. bis zum 16. September 1976 im Augustinerkloster in Erfurt (Sagorsk II), in: Die theologischen Gespräche zwischen der Russischen Orthodoxen Kirche und dem Bund der Evangelischen Kirchen in der DDR, herausgegeben von Christoph Demke, Berlin 1982, 30–36. (Erfurt 12.–16.9.1976)

SAG III   Das dritte Theologische Gespräch zwischen dem Bund der Evangelischen Kirchen in der DDR und der Russischen Orthodoxen Kirche vom 1. bis zum 4. Oktober 1978 in Kiew (Sagorsk III), in: Die theologischen Gespräche zwischen der Russischen Orthodoxen Kirche und dem Bund der Evangelischen Kirchen in der DDR, herausgegeben von Christoph Demke, Berlin 1982, 134–150. (Kiew 1.–4.10.1978)

ARN VIII   Die Hoffnung auf die Zukunft der Menschheit unter der Verheißung Gottes. Eine Dokumentation über das 8. Theologische Gespräch mit der Russischen Orthodoxen Kirche in Odessa 1979, Studienheft 12, herausgegeben vom Kirchlichen Außenamt der EKD, Beiheft zur Ökumenischen Rundschau 41, Frankfurt a. M. 1981, 34–47. (Odessa 10.–13.10.1979)

SAG IV   Sagorsk. Theologische Gespräche mit der Russischen Orthodoxen Kirche. herausgegeben von Rolf Koppe, Studienheft 25, Hermannsburg 1998, 134–140. (Güstrow 9.–13.5.1981)

ARN IX   Das kirchliche Amt und die apostolische Sukzession. Neunter Bilateraler Theologischer Dialog zwischen der Russischen Orthodoxen Kirche und der Evangelischen Kirche in Deutschland vom 12. bis 17. Oktober 1981 im Schloß Schwanberg bei Kitzingen, Studienheft 16, Beiheft zur Ökumenischen Rund-

17

| | schau 49, herausgegeben vom Kirchlichen Außenamt der EKD, Frankfurt a. M. 1984, 23–30. (Schwanberg 12.–17.10.1981) |

ARN X   Der bischöfliche Dienst in der Kirche. Eine Dokumentation über die zehnte Begegnung im bilateralen Theologischen Dialog zwischen der Russischen Orthodoxen Kirche und der Evangelischen Kirche in Deutschland vom 25.–29. September 1984 in Kiew, Studienheft Nr. 18, herausgegeben von Heinz Joachim Held und Klaus Schwarz, Beiheft zur Ökumenischen Rundschau 53, Frankfurt a. M. 1992, 29–32. (Kiew 25.–29.9.1984)

SAG V   Sagorsk. Theologische Gespräche mit der Russischen Orthodoxen Kirche. herausgegeben von Rolf Koppe, Studienheft 25, Hermannsburg 1998, 258–266. (Sagorsk 13.–16.11.1984)

ARN XI   Bilaterale Theologische Dialoge mit der Russischen Orthodoxen Kirche (Arnoldshain XI, Arnoldshain XII, Sagorsk VII, Bad Urach I), Studienheft Nr. 22, herausgegeben von Klaus Schwarz, Hermannsburg 1996, 22–25. (Mülheim/Ruhr 27.4–3.5.1987)

ARN XII Bilaterale Theologische Dialoge mit der Russischen Orthodoxen Kirche (Arnoldshain XI, Arnoldshain XII, Sagorsk VII, Bad Urach I), Studienheft Nr. 22, herausgegeben von Klaus Schwarz, Hermannsburg 1996. (Minsk 21.–27.4. 1990)

SAG VI   Sagorsk. Theologische Gespräche mit der Russischen Orthodoxen Kirche. herausgegeben von Rolf Koppe, Studienheft 25, Hermannsburg 1998, 353–359. (Wittenberg 13.–17.10.1987)

SAG VII Bilaterale Dialoge mit der Russischen Orthodoxen Kirche (Arnoldshain XI, Arnoldshain

	XII,Sagorsk VII, Bad Urach I), herausgegeben von Klaus Schwarz, Studienheft 22, Hermannsburg 1996, 226–230. (Sagorsk 1.–6.10.1990)
BUR I	Bilaterale Theologische Dialoge mit der Russischen Orthodoxen Kirche (Arnoldshain XI, Arnoldshain XII,Sagorsk VII, Bad Urach I), Studienheft Nr. 22, herausgegeben von Klaus Schwarz, Hermannsburg 1996, 268–276. (Bad Urach 19.–27.10.1992)
BER ROK	Gemeinsamer Bericht vom November 1995 an die Leitungen der ROK und der EKD über den Stand des bilateralen Theologischen Dialogs. In: Bilateraler Theologischer Dialog Evangelische Kirche in Deutschland/Russische Orthodoxe Kirche 1998 und 2002, herausgegeben von Rolf Koppe, Studienheft 28, Hermannsburg 2004, 211–227.
BUR II	Bilateraler Theologischer Dialog Evangelische Kirche in Deutschland/Russische Orthodoxe Kirche 1998 und 2002 (Bad Urach II und Bad Urach III), herausgegeben von Rolf Koppe, Studienheft 28, Hermannsburg 2004, 123–132. (Minsk 23.–27.5.1998)
BUR III	Bilateraler Theologischer Dialog Evangelische Kirche in Deutschland/Russische Orthodoxe Kirche 1998 und 2002 (Bad Urach II und Bad Urach III), herausgegeben von Rolf Koppe, Studienheft 28, Hermannsburg 2004, 201–210. (Mühlheim/Ruhr 1.–7.6.2002)
BUR IV	Sechzig Jahre nach Kriegsende – Christliche Werte heute. 23. Begegnung im bilateralen theologischen Gespräch zwischen der Russischen Orthodoxen Kirche und der Evangelischen Kirche in Deutschland (4. Begegnung nach dem Neubeginn in Bad Urach),

17.4.–22.4.2005 in Moskau und Segiev Posad (Bad Urach IV), herausgegeben von Dagmar Heller, Studienheft 32, Beiheft zur Ökumenischen Rundschau 80, Frankfurt a. M. 2007, 13–23. (Moskau 17.4.–22.4.2005)

BUR V Kommuniqué des bilateralen Theologischen Dialogs zwischen der Russischen Orthodoxen Kirche und der Evangelischen Kirche in Deutschland vom 22.–28. Februar 2008 in Lutherstadt Wittenberg. www.ekd.de/down load/kommunique_wittenberg.pdf (Wittenberg 22.–28.2.2008)

ROS Kommuniqué des bilateralen Theologischen Dialogs zwischen der Russischen Orthodoxen Kirche und der Evangelischen Kirche in Deutschland vom 09.–11.12.2012 in Rostow am Don. www.ekd.de/download/dialog_ekd_russisch_orthodoxe_kirche_2012.pdf (Rostow-am-Don 9.–11.12.2012)

b. Bilateraler Theologischer Dialog mit dem Ökumenischen Patriarchat Konstantinopel

KON I Dialog des Glaubens und der Liebe. Theologisches Gespräch zwischen dem Ökumenischen Patriarchat von Konstantinopel und der EKD vom 16.–19. März 1969, herausgegeben vom Dokumentationszentrum des LWB, Beiheft zur Ökumenischen Rundschau 11, Stuttgart 1970. (Konstantinopel 16.–19.3.1969)

KON II Christus – Das Heil der Welt. Zweites Theologisches Gespräch zwischen dem Patriarchat Konstantinopel und der EKD vom 4.–8. Oktober 1971, herausgegeben vom Kirchlichen Außenamt der EKD, Beiheft zur Ökumenischen

Rundschau 22, Stuttgart 1971. (Arnoldshain 4.–8.10.1971)

KON III Das Bild vom Menschen in Orthodoxie und Protestantismus. Drittes Theologisches Gespräch zwischen dem Ökumenischen Patriarchat und der EKD vom 02.–05. Oktober 1973 in Chambésy/Schweiz, herausgegeben vom Kirchlichen Außenamt der EKD, Beiheft zur Ökumenischen Rundschau 26, Stuttgart 1973. (Chambésy 2.–5.10.1973)

KON IV Die Anrufung des Heiligen Geistes im Abendmahl. Viertes Theologisches Gespräch zwischen dem Ökumenischen Patriarchat und der Evangelischen Kirche in Deutschland vom 6. bis zum 9. Oktober 1975 in der Evangelischen Sozialakademie Friedewald, herausgegeben vom Kirchlichen Außenamt der EKD, Beiheft zur Ökumenischen Rundschau 31, Studienheft 9, Frankfurt a. M. 1977. (Friedewald 6.–9.10.1975)

KON V Eucharistie und Priesteramt, 5. Theologisches Gespräch mit dem ökumenischen Patriarchat in Bonn vom 20. bis 25. Februar 1978, herausgegeben vom Kirchlichen Außenamt der EKD, Beiheft zur Ökumenischen Rundschau 38, Frankfurt a. M. 1980. (Bonn 20.–25.2.1978)

KON VI Evangelium und Kirche. 6. Theologisches Gespräch mit dem ökumenischen Patriarchat in Stapelage 1982, herausgegeben vom Kirchlichen Außenamt der EKD, Studienheft 15, Beiheft zur Ökumenischen Rundschau 47, Frankfurt a. M. 1983, 26–27. (Stapelage 2.–6.10.1982)

KON VII Die Verkündigung des Evangeliums und die Feier der Heiligen Eucharistie. Eine Dokumentation über die siebte Begegnung im bilateralen Theologischen Dialog zwischen der Evangelischen Kirche in Deutschland und dem Ökumenischen Patriarchat von Konstantinopel vom 3. bis 8. Oktober 1984 in Kavalla (Nordgriechenland), herausgegeben von Heinz Joachim Held und Klaus Schwarz, Studienheft 19, Beiheft zur Ökumenischen Rundschau 54, Frankfurt a. M. 1989, 16–17. (Kavalla 3.-8.10.1984)

KON VIII   Das Wirken des Heiligen Geistes in der Erfahrung der Kirche, Achter bilateraler Theologischer Dialog zwischen dem Ökumenischen Patriarchat von Konstantinopel und der Evangelischen Kirche in Deutschland vom 28. September bis zum 7. Oktober 1987 in Hohenwart, herausgegeben von Heinz Joachim Held und Klaus Schwarz, Studienheft 21, Hermannsburg 1995, 24–25. (Hohenwart 28.9.-7.10.1987)

KON IX   Leben aus der Kraft des Heiligen Geistes, Neunter bilateraler Theologischer Dialog zwischen dem Ökumenischen Patriarchat von Konstantinopel und der Evangelischen Kirche in Deutschland vom 26. Mai bis zum 4. Juni in Kreta, herausgegeben von Heinz Joachim Held und Klaus Schwarz, Studienheft 21, Hermannsburg 1995, 109–111. (Kreta 26.5.-4.6.1990)

KON X   Das Handeln der Kirche in Zeugnis und Dienst, Zehnte Begegnung im bilateralen Theologischen Dialog zwischen dem Ökumenischen Patriarchat von Konstantinopel und der Evangelischen Kirche in Deutschland vom 27. Mai bis 2. Juni 1994 in der Evangelischen Akademie Iserlohn, herausgegeben von Rolf Koppe, Studienheft 27, Hermannsburg 2003, 101–107. (Iserlohn 27.5.-2.6.1994)

KON XI   Der Kosmos als Schöpfung Gottes. Die Kirchen
          vor dem ökologischen Problem, Elfte Begeg-
          nung im bilateralen Theologischen Dialog
          zwischen dem Ökumenischen Patriarchat von
          Konstantinopel und der Evangelischen Kirche
          in Deutschland vom 21. bis 27. Oktober 1997
          in der Metropolie von Rhodos, herausgegeben
          von Rolf Koppe, Studienheft 27, Hermanns-
          burg 2003, 199–203. (Rhodos 21.–27.10.1997)

BER KON   Gemeinsamer Bericht vom Juni 2001 an die
          Leitungen des Ökumenischen Patriarchats
          und der EKD über den Stand des bilateralen
          Theologischen Dialogs. In: Theologische Ge-
          spräche zwischen der EKD und dem Ökume-
          nischen Patriarchat, herausgegeben von Rolf
          Koppe, Studienheft 27, Hermannsburg 2003,
          321–333.

KON XII   Die Kirchen im zusammenwachsenden Eu-
          ropa, Zwölfte Begegnung im bilateralen Theo-
          logischen Dialog zwischen dem Ökumeni-
          schen Patriarchat von Konstantinopel und
          der Evangelischen Kirche in Deutschland
          vom 30. Juni bis 6. Juli in der Brandenburg/
          Havel, herausgegeben von Rolf Koppe, Stu-
          dienheft 27, Hermannsburg 2003, 315–319.
          (Brandenburg/Havel 30.6.–6.7.2001)

KON XIII Die Gnade Gottes und das Heil der Welt. Das
          13. Gespräch im Rahmen des bilateralen Theo-
          logischen Dialogs zwischen dem Ökumeni-
          schen Patriarchat von Konstantinopel und
          der EKD, herausgegeben von Dagmar Heller
          und Rolf Koppe, Beiheft zur Ökumenischen
          Rundschau 79, Frankfurt a. M. 2006, 11–16.
          (Konstantinopel 16.–22.9.2004)

KON XIV   Die Bedeutung der Konzilien und Bekennt-
          nisse für den ökumenischen Dialog, 14. Be-

gegnung im bilateralen Theologischen Dialog zwischen dem Ökumenischen Patriarchat von Konstantinopel und der Evangelischen Kirche in Deutschland, Schloss Oppurg/Thüringen 10. bis 15. Oktober 2007, www.ekd.de/download/kommunique_oppurg_2007.pdf (Oppurg 10.–15.10.2007)

KON XV   Beziehungen zwischen Kirche und Staat unter historischem und ekklesiologischem Aspekt, 15. Begegnung im bilateralen Theologischen Dialog zwischen dem Ökumenischen Patriarchat von Konstantinopel und der Evangelischen Kirche in Deutschland, Orthodoxe Akademie von Kreta, 16. bis 20. März 2011, www.ekd.de/download/kommunique_kreta_2011.pdf (Kreta 16.–20.3.2011)

c. Bilateraler Theologischer Dialog mit der Bulgarischen Orthodoxen Kirche

HRH I   Verkündigung heute. Erstes Theologisches Gespräch zwischen dem Bund der Evangelischen Kirchen in der DDR und der Bulgarischen Orthodoxen Kirche, (= Herrnhut I), in Herrnhut (Oberlausitz), 7.–10. Dezember 1978, in: Herrnhut. Theologische Gespräche mit der Bulgarischen Orthodoxen Kirche, Studienheft 26, herausgegeben von Rolf Koppe, Hermannsburg 2001, 25–30. (Herrnhut 7.–10.12.1978)

HRH II   Die Quelle des Glaubens. Zweites Theologisches Gespräch zwischen dem Bund der Evangelischen Kirchen in der DDR und der Bulgarischen Orthodoxen Kirche (= Herrnhut II), in Sofia, 27. Januar – 1. Februar 1981, in:

Herrnhut. Theologische Gespräche mit der Bulgarischen Orthodoxen Kirche, Studienheft 26, herausgegeben von Rolf Koppe, Hermannsburg 2001, 89–95. (Sofia 27.1.–1.2.1981)

HRH III — Taufe und Eucharistie. Drittes Theologisches Gespräch zwischen dem Bund der Evangelischen Kirchen in der DDR und der Bulgarischen Orthodoxen Kirche (= Herrnhut III), in Eisenach, 25.–27. Oktober 1984, in: Herrnhut. Theologische Gespräche mit der Bulgarischen Orthodoxen Kirche, Studienheft 26, herausgegeben von Rolf Koppe, Hermannsburg 2001, 143–153. (Eisenach 25.–27.10.1984)

HRH IV — Das geistliche Amt in der Kirche. Viertes Theologisches Gespräch zwischen dem Bund der Evangelischen Kirchen in der DDR und der Bulgarischen Orthodoxen Kirche (= Herrnhut IV), in Sofia, 6.–11. Oktober 1986, in: Herrnhut. Theologische Gespräche mit der Bulgarischen Orthodoxen Kirche, Studienheft 26, herausgegeben von Rolf Koppe, Hermannsburg 2001, 225–240. (Sofia 6.–11.10.1986)

HRH V — Beichte und Buße in ihren dogmatischen und sozialen Aspekten. Fünftes Theologisches Gespräch zwischen der Evangelischen Kirche in Deutschland und der Bulgarischen Orthodoxen Kirche (= Herrnhut V), in Reinhardsbrunn (Thüringen), 24.–30. November 1992, in: Herrnhut. Theologische Gespräche mit der Bulgarischen Orthodoxen Kirche, Studienheft 26, herausgegeben von Rolf Koppe, Hermannsburg 2001, S. 313–316. (Reinhardsbrunn 24.–30.11.1992)

d. Bilateraler Theologischer Dialog
mit der Rumänischen Orthodoxen Kirche

GOS I   Die heilige Schrift, die Tradition und das Bekenntnis. Erster bilateraler Theologischer Dialog zwischen der Rumänischen Orthodoxen Kirche und der EKD vom 19. bis zum 23. November 1979 im Haus Hessenkopf in Goslar, Studienheft 13, Beiheft zur Ökumenischen Rundschau 42, Frankfurt a. M. 1980, 23–27 (Goslar 19.–23.11.1979)

GOS II   Die Sakramente der Kirche in der Confessio Augustana und in den orthodoxen Lehrbekenntnissen des 16./17. Jahrhunderts. Zweiter bilateraler Theologischer Dialog zwischen der Rumänischen Orthodoxen Kirche und der Evangelischen Kirche in Deutschland vom 24. bis zum 26. Oktober 1980 in Jassy, herausgegeben vom Kirchlichen Außenamt der Evangelischen Kirche in Deutschland (Studienheft 14), Beiheft zur Ökumenischen Rundschau 43, Frankfurt a. M. 1982, 20–25. (Jassy 24.–26.10.1980)

GOS III Buße und Beichte im Glauben und Leben unserer Kirchen und ihre Bedeutung für die Erneuerung und Heiligung des Christen. Dritter Bilateraler Theologischer Dialog zwischen der Rumänischen Orthodoxen Kirche und der Evangelischen Kirche in Deutschland vom 28. Mai bis zum 3. Juni 1982 in Hüllhorst, herausgegeben vom Kirchlichen Außenamt der Evangelischen Kirche in Deutschland, Beiheft zur Ökumenischen Rundschau 51, Studienheft 17, Frankfurt a. M. 1987, 16–24. (Hüllhorst 28.5.–3.6.1982)

GOS IV   Das Heil in Christus und die Heilung der Welt.

Vierter Bilateraler Theologischer Dialog zwischen der Rumänischen Orthodoxen Kirche und der Evangelischen Kirche in Deutschland vom 6. bis 11. Mai 1985 im Kloster Techirghiol (Rumänien), herausgegeben von Hans Joachim Held und Klaus Schwarz, Studienheft 20, Hermannsburg 1994, 16-19. (Techirghiol 6.-11.5.1985)

GOS V   Rechtfertigung und Verherrlichung (*Theosis*) des Menschen durch Jesus Christus. Fünfter bilateraler Theologischer Dialog zwischen der Rumänischen Orthodoxen Kirche und der Evangelischen Kirche in Deutschland vom 18. bis zum 27. Mai 1988 im Kloster Kirchberg/ Sulz am Neckar, herausgegeben von Klaus Schwarz, Studienheft 23, Hermannsburg 1995, 29-33. (Kirchberg 18.-27.5.1988)

GOS VI   Die Taufe als Aufnahme in den Neuen Bund und als Berufung zum geistlichen Kampf in der Nachfolge Jesu Christi (*synergeia*). Sechster bilateraler theologischer Dialog zwischen der Rumänischen Orthodoxen Kirche und der Evangelischen Kirche in Deutschland vom 11. bis zum 20. Juni 1991, in Curtea de Arges/Rumänien, herausgegeben von Klaus Schwarz, Studienheft 23, Hermannsburg 1995, 191-197. (Curtea de Arges 11.-20.6.1991)

GOS VII   Gemeinschaft der Heiligen – Berufung unserer Kirchen und ihre Erfüllung in der säkularisierten Welt. Siebtes Gespräch im bilateralen Theologischen Dialog zwischen der Rumänischen Orthodoxen Kirche und der Evangelischen Kirche in Deutschland vom 27. November bis 5. Dezember 1995 im Haus der Communität Christusbruderschaft Selbitz, Bayern (Goslar VII), in: Theologische

Gespräche mit der Rumänischen Orthodoxen Kirche, herausgegeben von Rolf Koppe, Studienheft 24, Hermannsburg 1999, 1-19. (Selbitz 27.11.-5.12.1995)

GOS VIII   Dienen und Versöhnen. Europäische Integration als Herausforderung an unsere Kirchen. Achtes Gespräch im bilateralen Theologischen Dialog zwischen der Rumänischen Orthodoxen Kirche und der Evangelischen Kirche in Deutschland vom 3. bis 8. Oktober 1998 im Patriarchat in Bukarest (Goslar VIII), in: Theologische Gespräche mit der Rumänischen Orthodoxen Kirche, herausgegeben von Rolf Koppe, Studienheft 24, Hermannsburg 1999, 129-136. (Bukarest 3.-8.10.1998)

BER RumOK   Gemeinsamer Bericht vom Oktober 1998 an die Leitungen der Rumänischen orthodoxen Kirche und der Evangelischen Kirche in Deutschland über den Stand des bilateralen Theologischen Dialogs. In: Theologische Gespräche mit der rumänischen Orthodoxen Kirche, herausgegeben von Rolf Koppe, Studienheft 24, Hermannsburg 1999, 137-148.

GOS IX   Die Kirche und ihre politisch-gesellschaftliche Verantwortung heute. 9. Begegnung im Bilateralen Dialog zwischen der Rumänischen Orthodoxen Kirche und der Evangelischen Kirche in Deutschland, in: Die Kirche – ihre Verantwortung und ihre Einheit. Das neunte und das zehnte Gespräch im bilateralen Theologischen Dialog zwischen der Rumänischen Orthodoxen Kirche und der Evangelischen Kirche in Deutschland, herausgegeben von Dagmar Heller und Rolf Koppe, Studienheft 30, Beihefte zur Ökumenischen Rundschau 75, 15-24. (Herrnhut 7.-12.10.2000)

GOS X Die Kirche – ihre Verantwortung und ihre Einheit. Das neunte und das zehnte Gespräch im bilateralen Theologischen Dialog zwischen der Rumänischen Orthodoxen Kirche und der Evangelischen Kirche in Deutschland, herausgegeben von Dagmar Heller und Rolf Koppe, Studienheft 30, Beihefte zur Ökumenischen Rundschau 75, 153–163. (Cluj-Napoca 14.–20.11.2002)

GOS XI Die ökumenischen Konzilien und die Katholizität der Kirche. Das elfte Gespräch im bilateralen Theologischen Dialog zwischen der Rumänischen Orthodoxen Kirche und der Evangelischen Kirche in Deutschland. Herausgegeben von Dagmar Heller und Johann Schneider, Studienheft 33, Beiheft zur Ökumenischen Rundschau 83, Frankfurt 2009, 11–22. (Eisenach 1.–7.4.2007)

GOS XII Die Zwölfte Begegnung im bilateralen Theologischen Dialog zwischen der Rumänischen Orthodoxen Kirche und der Evangelischen Kirche in Deutschland vom 11.–15. März 2010 im Kloster Brancoveanu von Sambata de Sus. (www.ekd.de/download/100322_kommuni que_ekd_rumaenien.pdf) (Sambata de Sus 11.–15.3.2010)

GOS XIII Die Dreizehnte Begegnung im bilateralen Theologischen Dialog zwischen der Rumänischen Orthodoxen Kirche und der Evangelischen Kirche in Deutschland im März 2013 im Kloster Drübeck (Sachsen-Anhalt). (Drübeck 13.–18.3.2013)

DIE SIGLEN IN ALPHABETISCHER ORDNUNG

ARN Bilateraler Theologischer Dialog mit der Russischen
     Orthodoxen Kirche (»Arnoldshain I–XII« [1959–1987])
BER Gemeinsame Berichte an die Leitungen der Kirchen
     zum Stand des Dialogs (1995, 1998, 2002)
BUR Bilateraler Theologischer Dialog mit der Russischen
     Orthodoxen Kirche (»Bad Urach I–V« [1992–2008])
GOS Bilateraler Theologischer Dialog mit der Rumänischen
     Orthodoxen Kirche (»Goslar I–XIII« [1979–2013])
HRH Bilateraler Theologischer Dialog mit der Bulgarischen
     Orthodoxen Kirche (»Herrnhut I–V« [1978–1992])
KON Bilateraler Theologischer Dialog mit dem Ökumeni-
     schen Patriarchat Konstantinopel (»Konstantinopel
     I–XV« [1969–2011])
ROS Bilateraler Theologischer Dialog mit der Russischen
     Orthodoxen Kirche, Rostow-am-Don 2012
SAG Bilateraler Theologischer Dialog mit der Russischen
     Orthodoxen Kirche (»Sagorsk I–VII« [1974–1990])

VERZEICHNIS DER DELEGATIONSLEITER 1959–2013

Alexij (Ridiger), Metropolit von Tallin, ARN II, SAG VII

Arsenij, Bischof von Stobi, HRH III–IV

Athenagoras I (Spyrou), Ökumenischer Patriarch, KON I

Augoustinos (Lambardakis), Dr. h. c., Metropolit von Deutschland, KON VI–XV

Demke, Dr. Christoph, Bischof (Magdeburg), SAG VII

Eichele, D. Dr. Erich, Landesbischof (Stuttgart), KON I

German (Timofejev), Metropolit von Wolgograd, BUR III–BUR IV

Held, Dr. Heinz Joachim, Bischof (Frankfurt/Hannover), ARN VIII–XII, BUR I, KON IV–IX, HRH V, GOS I–VI

Hempel, Dr. Johannes, Landesbischof (Leipzig), HRH I–II, IV

Hilarion (Alfejev), Dr. mult., Metropolit von Volokolamsk, ROS

Iakovos (Tzanavaris), Metropolit von Deutschland, KON II

Ioan, Metropolit von Dragovitia, HRH II, V

Ioann (Razumov), Bischof von Berlin, ARN I

Ioann (Synchev), Metropolit von Leningrad und Ladoga, SAG VII

Irineos (Galanakis), Metropolit von Deutschland, KON III–V

Juvenalij (Polyarkov), Metropolit von Tula und Belev, ARN VI

Koppe, Dr. Rolf, Bischof (Hannover), BUR II–IV, KON X–XIII, GOS VII–XI

Krusche, Dr. Werner, Bischof (Magdeburg), SAG I–III

Kunst, Hermann, Bischof (Bonn), KON II

Leich, Dr. Werner, Landesbischof (Thüringen), HRH III

Nikodim (Rotov), Dr., Metropolit von Leningrad und Ladoga, ARN III–V

Nikodim (Rusnak), Metropolit von Lvov, SAG VI

Nikolae (Corneanu), Metropolit des Banates (Timisoara), GOS VI–VII

Nikolaj, Bischof von Makariopol, Dr., HRH I

Philaret (Denyssenko), Metropolit von Kiew, SAG II–III, ARN VII, IX–XI

Philaret (Vahromeev), Metropolit von Minsk, SAG IV, ARN VIII, XII, BUR I–II

Schindehütte, Martin, Bischof (Hannover), BUR V, ROS, KON XIV–XV, GOS XII–XIII

Serafim (Ioanta), Dr., Metropolit von Deutschland und Zentraleuropa, GOS VIII–XI

Sergij, Metropolit von Samara, BUR V

Vasile (Coman), Bischof von Oradea, Dr., GOS I–V

Wischmann, D. Adolf, Präsident des Außenamtes (Frankfurt), ARN I–VI

WÖRTERVERZEICHNIS A–Z

A

A

Abendmahl und Ökumene   Die Abendmahlsfrage wird im ökumenischen Kontext begleitet von der Hoffnung auf die Verwirklichung von Einheit und Ungeduld über die noch nicht verwirklichte Einheit. In dieser Situation der Hoffnungen und Enttäuschungen gilt es, alles, was wir tun, verantwortlich von dem her zu bedenken, was das Abendmahl ist und gibt, das der eine Herr gestiftet hat und unter dessen Verheißung und Geheiß Christen sich zum Tisch des Herrn versammeln.

Die Eucharistie im ökumenischen Kontext ist zuerst eine Frage an die Abendmahlspraxis und das eucharistische Leben in der eigenen Kirche, wo die Wahrheit des Glaubens auch in der Wahrheit des Lebens ihre Entsprechung haben soll. Danach können wir uns auch gegenseitig befragen, wie wir im Abendmahl auf das Wort des Herrn hören und uns durch seine Gabe erneuern lassen.

Die Erörterung der Abendmahlslehre der verschiedenen christlichen Traditionen muss im Zusammenhang des gesamten christlichen Glaubens gesehen und behandelt werden, sie sollte sich nicht auf Einzelfragen, wie z. B. die Realpräsenz, beschränken. Jedoch im Sinne einer Rangordnung der dogmatischen Sätze sollte geprüft werden, was beim Abendmahl notwendige Bedingung für Gültigkeit und Wirksamkeit des Sakraments ist und was nicht. Dieses auch in der orthodoxen Theologie geübte Verfahren ist im Westen durch die Arbeiten von Erzpriester Sergej Bulgakov bekannt geworden. **ARN VI**

Siehe auch: Buße und Taufe, Eucharistie, Kirche und politische Verantwortung, Taufe und Sakrament

A Anbetung und Anrufung

Amt und hierarchische Stufung Für die Orthodoxe
Kirche geschieht die Vermittlung der Gnade des Heiligen
Geistes durch die Hierarchie, die drei Stufen des Priestertums beinhaltet: Diakone, Presbyter und Bischöfe. Sie sind
untereinander verbunden und doch deutlich von einander
unterschieden. Für die göttliche Einsetzung der Hierarchie
beruft sich die orthodoxe Theologie auf das Neue Testament
(Apg 6,1-6; 11,30; 20,8; Tit 1,5, 1Thess 3,2 und 1Kor 4,14).
  Es besteht Übereinstimmung darüber, dass die Titel
»Presbyter« und »Bischof« bei der ersten Christenheit noch
nicht inhaltlich soweit festgelegt waren, dass sie nicht aus-
tauschbar gewesen wären (1Petr 5,1; 2Joh 1,1; 3Joh 1,1).
Jedoch ist die Orthodoxe Kirche der Meinung, dass durch
die Verschiedenheit der Funktion schon in apostolischer
Zeit die bischöfliche Stufe von der des Presbyters abgeho-
ben wird. Für das Verständnis der Evangelischen Kirche
besteht zwischen dem Amt des Bischofs und dem Amt des
Pfarrers kein wesentlicher Unterschied. Die Differenz liegt
in den Verantwortungsbereichen, die der Bischof bzw. der
Pfarrer hat. **HRH IV**
  *Siehe auch: Apostolische Sukzession und kirchliches Amt,
Askese und Schöpfung, Beichte und Amt, Frauen und Amt,
Kirche und Apostolizität, Kirche und Charisma, Kirche und
geistlicher Dienst, Ordination und Sakramentalität, Priester-
licher Dienst und Ordination, Sakramente und Kirche; A. der
Schlüssel: siehe: Kirche und Buße*

Anbetung und Anrufung *Siehe: Heiligkeit Gottes und
Heiligenverehrung*

Anthropologie und Pneumatologie Im Verlauf des Dialogs wurde als cantus firmus das Motiv der Pneumatologie
vernehmbar. [...] Lenkt man bei der Lehre oder dem Reden
vom Heiligen Geist den Blick nicht ausschließlich. Auf dessen Wirken in der Kirche bzw. durch die Kirche, sondern
auch auf das durch ihn vermittelte Heilswirken am Men-

schen, dann impliziert »Pneumatologie« notwendig alles das, was zu einer soteriologisch bestimmten theologischen Anthropologie gehört. **BER KON**
Siehe auch: Menschenbild und christliche Wurzeln Europas

Apophatische Theologie und ökumenische Konsensfindung Wenn die Kirche zu neuen Aussagen genötigt war, benutzte sie in vielen Fällen paradoxe Formulierungen, um auch das berechtigte Anliegen polarer Meinungen einzubeziehen und um alle Glaubenden zur Einheit zu führen. [...] Die Verwendung paradoxer Formulierungen entspricht dem apophatischen geheimnisvollen Wesen Gottes und hat ihre Grundlage in der Schrift. Sie [...] sollte auch in Zukunft benutzt werden, um die heutigen Kirchen und ihre unterschiedlichen Auffassungen zur Einheit zu führen. **GOS I**

Apostelkonzil und Konzilien Es besteht Übereinstimmung darin, dass das Apostelkonzil einzigartig und von allen anderen Konzilien der Kirche zu unterscheiden ist. Es ist ein Modell für die Suche nach Einheit und für die Wahrung derselben auf der Grundlage im Miteinander-Ringen verschiedener Positionen. Spätere Konzilien, die als ökumenische rezipiert wurden, waren immer solche, die in Krisensituationen zusammentraten, in denen die Grundlagen des apostolischen Glaubens in Frage gestellt wurden und die dann die Einheit in Glaubensfragen wieder herstellten. **GOS XI**

Apostolikum *Siehe: Kirche und Katholizität*

Apostolische Sukzession und kirchliches Amt Beide Kirchen verstehen sich als Kirchen in der apostolischen Sukzession. Sie verstehen die apostolische Sukzession als das unverfälschte Bewahren und das richtige Überliefern (Verkündigen) der Botschaft Christi und des Glaubens an Christus. So wie die Apostel die beiden Dimensionen des Dienstes – am Wort und an den Sakramenten – in sich vereinigten, so geschieht es auch durch ihre Nachfolger. Für beide Kirchen ergibt sich daraus die Notwendigkeit einer kirchlichen Ordnung für die Weitergabe des geistlichen Amtes durch berufene (ordinierte) Diener am Worte Gottes. Die als notwendig erkannte Ordnung wird unterschiedlich gesehen.

Beide Kirchen stimmen hinsichtlich der Bedeutung des allgemeinen Priestertums des Volkes Gottes überein. Das geistliche Amt und das allgemeine Priestertum sind aufeinanderbezogen. Keines ist ohne das andere möglich. Beide gehören zum Leib Christi, der Kirche.

Allen Gliedern des Volkes Gottes spricht der Apostel die Würde des königlichen Priestertums zu (1Petr 2,9). Daraus werden in beiden Kirchen vielfältige Aufgaben für alle Gemeindeglieder abgeleitet. Geistliche und Laien nehmen gemeinsam am Aufbau des Leibes Christi teil, wobei jeder nach seinen Kräften und Gaben wirkt (Eph 4,16). Das schließt die Teilnahme am Lehren, Leiten und Verwalten der Kirche ein.

Für beide Kirchen wird die zunehmende Bedeutung des allgemeinen Priestertums in einer säkularen Umwelt festgestellt. In Schule, Familie und Beruf sind es oft die nichtordinierten Glieder des Volkes Gottes, die über den Glauben Auskunft geben und das Evangelium von Jesus Christus bezeugen müssen. [...]

Beide Kirchen sind der Auffassung, dass die Kontinuität des Geistlichen Amtes, die auf die unwandelbare Treue Gottes zu seinem Volk hinweist, sich auf in der historischen Abfolge seiner Träger darstellt. Gottes Heil ist zu allen Zeiten von Menschen verkündigt und in den Sakramenten mitgeteilt worden. Die evangelische Seite ist der Auffassung, dass die Reformation diese Kontinuität des Geistlichen Amtes weitergeführt und dort, wo durch Missbrauch des bischöflichen Amtes die Kette zerbrochen bzw. die Kontinuität gefährdet war, diese durch die Ordination unter Handauflegung wieder hergestellt hat. Die evangelische Seite ist der

Auffassung, dass wegen der Einheit des geistlichen Amtes die Kette nicht notwendigerweise nur durch Bischöfe dargestellt werden muss.

Trotz der so geschehenen apostolischen Sukzession kann der Geistliche aus der apostolischen Wahrheit fallen. Entscheidend ist, wieweit er der Apostolizität der Kirche treu bleibt und sich der lehrmäßigen Tradition verpflichtet weiß.

Die orthodoxe Theologie ergänzt diese Vorstellungen dahingehend, dass das hierarchische Priestertum wesensmäßig durch eine besondere Art der Gnade bestimmt ist, die seit der Zeit der Apostel durch die bischöfliche Handauflegung vermittelt und weitergegeben wird. Sie ist der Ansicht, dass die Gnadenkette der apostolischen Sukzession in den Wirren der Reformation zerbrach. **HRH IV**

Askese und Schöpfung Wir teilen die Sorgen einer wachsenden Anzahl von Menschen, dass der willkürliche und unersättliche Gebrauch der uns anvertrauten Gaben der Schöpfung das Leben auf unserer Erde pervertiert und zu zerstören droht. Wir bitten den Heiligen Geist um die Gabe der asketischen Selbstbeherrschung, damit wir den Willen des Schöpfers erfüllen und ein »priesterliches Amt aller gegenüber der Schöpfung« verantwortlich und wirksam wahrnehmen. **KON IX**
Siehe auch: Glaube und Rechtfertigung, Heiligung und Lebensvollzug

Atomkrieg und Kirchen Eine der geistlichen Aufgaben der Kirche ist der friedenstiftende Dienst. Deshalb ist die Kirche verpflichtet zum Gebet für den Frieden und zur Arbeit an seiner Erhaltung und Festigung. Der Friedensdienst der Kirche ist besonders wichtig in unserer Zeit, in der eine sehr angespannte Lage der Welt entstanden ist und das Leben selbst auf der Erde bedroht wird. Deshalb verurteilen die Vertreter der Russischen Orthodoxen Kirche und der Evangelischen Kirche in Deutschland einen Atomkrieg als

Versündigung gegen Gott und Seine Schöpfung, wie sie
den Krieg generell als Mittel zur Lösung von Konflikten
ablehnen. **ARN X**
Siehe auch: Versöhnung und Frieden

Auferstehung und Veränderung der Welt   Die leibliche
Auferstehung, die der Christ erwartet, ist nicht eine bloße
Wiederbelebung. Sie ist vielmehr die tiefgreifende Umgestaltung (Gal 6,15), die freilich nicht das Wachstum in der
Heiligung und die fortlaufende religiös sittliche Entwicklung durchbricht (Apk 14,13), die auf Erden beginnt inmitten
einer sich verändernden Welt und die eng verbunden ist
mit dem Liebesdienst am Menschen.

Unter dem Ruf »Salz der Erde« und »Licht der Welt« (Mt
5,13-14) zu sein, verherrlichen die dem Auferstandenen
Nachfolgenden Gott mit ihrem gesamten Leben als einzelne,
in der Familie und in der Gesellschaft. Sie sollen Friedens-
stifter sein, sie sollen die Heilstaten dessen verkündigen, der
uns aus der Finsternis zu seinem wunderbare Licht berufen
hat (1Petr 2,9), sie sollen mit dem Bösen kämpfen, sich um
eine Verbesserung menschlicher Beziehungen bemühen, sie
sollen den Menschen helfen, zu einer vernünftigen Gestaltung und Veränderung der Welt, bei der Beseitigung von
Feindschaft, Krieg, Rassenhass, sozialer Ungerechtigkeit.
Die Beteiligung der Christen an einer Veränderung der Welt
soll sich vollziehen im Gehorsam gegenüber der Wahrheit,
in evangelischer Freiheit, in Bereitschaft, Mitarbeiter (1Kor
3,9) und Diener Gottes zu sein. **ARN V**
*Siehe auch: Auferstehung und Veränderung der Welt, Chris-
tus und das Heil, Heilige und Gottes Verheißung, Hoffnung
auf die Zukunft und Auferstehung, Kirche und Heiligkeit,
Kreuz und Auferstehung, Taufe und Sündenvergebung, Versöhnung und Kirchen, Versöhnung und Friede, Wirklichkeit
der Auferstehung und Wirkung der Auferstehung*

Augsburger Bekenntnis   *Siehe: Kirchen und Einheit*

B

Barmer Theologische Erklärung   *Siehe: Bekenntnis und Wahrheit*

Beichte und Amt   Diesen Auftrag wahrzunehmen gehört zu den fundamentalen Aufgaben des geistlichen Amtes in der Kirche. Sünden vergeben kann nur Gott allein; der eigentlich Handelnde, vor dem die Beichte abgelegt wird und der die Absolution spendet, ist Jesus Christus. **GOS III**

Beichte und Buße   Grundsätzlich waren sich beide Delegationen darin einig, dass ihren Kirchen empfohlen werden sollte, dem weithin vergessenen Sakrament der Buße neue Aufmerksamkeit zu schenken. Dabei betonte die bulgarische Seite stärker die Kraft der traditionellen Formen, während die evangelische Seite darin auch die vielfältigen Möglichkeiten seelsorgerlicher Gespräche in den Blick nahm. **HRH V**
Zu dieser Kirchlichen Buße gehört das Bekenntnis der Sünden, die Beichte; ihr Zentrum ist die Absolution; vorausgesetzt ist die aufrichtige Reue und der Glaube, der die Vergebung empfängt. Diese Buße ist nicht ein privates Geschehen zwischen Christen, sondern eine kirchliche Handlung und hat ihre Wirksamkeit und Gültigkeit aufgrund des Auftrages Christi an die Kirche. **GOS III**

Bekenntnis und Schrift   Nach evangelischem Verständnis ist und bleibt »allein Gottes Wort die einige Richtschnur und Regel aller Lehre [...], nach welcher zugleich alle Lehre und Lehrer gerichtet und geurteilt werden sollen« (Formula concordiae, Epitome). Die orthodoxe Kirche kennt diesbezüglich die Unterscheidung zwischen norma normans und norma normata nicht. Sie hebt vielmehr die Einheit des Offenbarungsflusses (Heilige Schrift, Tradition und sakramentales Leben der Kirche) hervor. Sie formuliert deshalb ihre Lehre in Konsens und Kontinuität mit dem von Anfang an überlieferten Glauben. **KON XIV**

Bekenntnis und Wahrheit   Bei den anschließenden Gesprächen wurde herausgearbeitet, dass sowohl das Glaubensbekenntnis vom Nizäa-Konstantinopel als auch die reformatorischen Bekenntnisschriften und die Barmer Theologische Erklärung in solchen historischen Situationen entstanden sind, in denen es galt, die apostolische Wahrheit gegen Irrlehren und Fehlentwicklungen zu verteidigen. **KON XIV**
   Siehe auch: Kreuz und Auferstehung

Buße und Gebet   Die Buße bestimmt in vielfältigen Formen das Leben der Christen und die Gottesdienste in unseren Kirchen. Für die allgemeine Buße wären insbesondere zu nennen: Das Gebet des einzelnen; in jedem Vaterunser bitten wir »Vergib uns unsere Schuld« (Herzensbeichte); die Schuldbekenntnisse im Gemeindegottesdienst; der Ruf »Herr, erbarme dich« als Anbetung dessen, der uns aus dem Gericht rettet, durchzieht die ganze orthodoxe Liturgie, daneben kennen wir eigene Gebets- und Predigtgottesdienste mit besonderem Bußcharakter, am Karfreitag und zu anderen Zeiten des Kirchenjahres, in der evangelischen Kirche in Deutschland vor allem am Bußtag im November, in denen die Sünde des Menschen und unsere eigene Schuld ganz konkret vor Gott getragen werden. Es gibt Stoßgebete ohne liturgische Form. Solches Beten lebt von der Gewissheit der Zusage Christi, unser rufen zu erhören, des Christus, der am Kreuz für uns starb und uns als ewiger Hohepriester immerdar vor Gott vertritt. **GOS III**

Buße und Taufe   Diese Buße in Beichte und Absolution ist Bestätigung der Taufe durch die Erneuerung des in ihr geschenkten Lebens und sie ist – wenn auch in der evangelischen Kirche nicht notwendig als Einzelbeichte – nach unseren Ordnungen Voraussetzung für die Zulassung zur Kommunion im Abendmahl. **GOS III**

Buße und Vergebung Buße und Beichte müssen in Zusammenhang mit unserer Rechtfertigung und Erlösung in Christus durch den lebensspendenden Heiligen Geist in der Kirche gesehen werden. Vergebung der Sünde gibt von neuem Freiheit von der Knechtschaft der Sünde, schenkt Trost und Kraft, ist »Leben und Seligkeit« in Gott im Blick auf den einzelnen aber auch für die Gemeinschaft. Diese Vergebung muss sich im Verhalten zeigen und wirkt ein neues Gemeinschaftsverhältnis der Christen untereinander, weil sie das gemeinsam haben, dass sie von Vergebung in der Kraft Christi leben. Reue und Buße, *metanoia* durch die Kraft Gottes, bedeuten Herzens und Sinneswandel, Quelle der ständigen Erneuerung des inneren Menschen. Wir stimmen darin überein, dass die kirchliche Buße auf den Freispruch zielt, neues Leben bewirkt und einen therapeutischen Charakter hat. **GOS III**
   Siehe auch: Kirche und Buße, Taufe und Dienst an der Welt, Taufe und Neues Leben, Veränderung der Gesellschaft und Kirche

C

Charta Oecumenica   *Siehe: Kirchen und Europa*

Cherubim-Hymnus   *Siehe: Opfer Christi und Opfer der Christen*

Christen und Nichtchristen   Wie die Christen im Sakrament der Taufe aus Wasser und Geist geboren werden (Joh 3,5) zu einem neuen Leben in Christus (Röm 6,4), [...] so sind sie aufgerufen, Licht der Welt und Salz der Erde (Mt 5,14) zu sein, Zeugen allgemeiner Brüderlichkeit und Liebe, des Friedens und der Gerechtigkeit (Mt 5,16) [...] Nach diesen Grundsätzen verurteilen wir Christen alle Erscheinungen des Bösen in den Beziehungen zwischen Menschen und zwischen Völkern, worin sie auch immer zum Ausdruck kommen mögen: den Egoismus, Angriffskriege, Rassenhetze, soziale Ungerechtigkeit, Unterdrückung. Wir halten dies für Sünde und ein Verbrechen gegen Gott und Menschen.

Den Frieden zwischen den Völkern halten wir für ein notwendiges Gut für die Menschheit und meinen, alle Christen sollen aktiv an der Verwirklichung dieses großen Gutes arbeiten, indem sie entschieden gegen alles auftreten, was nicht der Wahrung des Friedens dient.

In ihrem Versöhnungswerk wollen die Christen (2Kor 5,18) [...] bereit sein zur praktischen Zusammenarbeit mit allen Menschen, die nach Frieden und Gerechtigkeit dürsten, nach Fortschritt und nach Wohlstand. **ARN IV**
Siehe auch: Auferstehung und Veränderung der Welt, Versöhnung und Friede.

Christus und das Heil   Wir stimmen untereinander und mit den Vätern der Kirche überein, dass das Maß dieses Heils Jesus Christus, die Person des Gottmenschen ist, und dass das Heil in der Teilhabe an ihm geschenkt wird. Der Dreieinige Gott, der den Menschen zu seinem Ebenbild geschaffen hat, hat ihn aus Sünde, Gottvergessenheit und Tod gerettet durch die Menschwerdung, das Kreuz und die Auferstehung des Sohnes Gottes. [...] Das ganze göttliche Heilswerk (*oikonomia*) wurzelt in der ewigen Liebe Gottes zum Menschen und zu Seiner Schöpfung und ist ein für allemal (objektiv) verwirklicht in Christus nach beiden Richtungen: als Versöhnung mit Gott hat Er die Feindschaft aufgehoben und unser ursprüngliches Verhältnis zu Ihm wiederhergestellt, als Erneuerung der von Christus angenommenen menschlichen Natur, wodurch das Ebenbild Gottes im Menschen in Seiner Person erneuert ist und Er uns mit sich selbst und durch sich mit der ganzen Trinität vereinigt hat.

Christus hat dies Heil für die Welt in jeder Hinsicht verwirklicht: als Verherrlichung und Verehrung Gottes – indem Christus unsere Gerechtigkeit wurde und uns mit Gott versöhnte und gleichzeitig aus der Gefangenschaft der Sünde und das Todes befreite und uns durch die Gabe des Heiligen Geistes mit göttlicher Kraft ausrüstete. Diese Wiederherstellung und Erneuerung der in der Person Christi angenommenen menschlichen Natur und ihre Erfüllung durch die ganze lebenspendende Kraft des Heiligen Geistes bezeichnet die orthodoxe Theologie als Vergöttlichung; virtuell gilt diese Vergöttlichung zugleich allen Menschen; Evangelische Theologie wendet hier im Bezug auf die Person Christi die *Communicatio idiomatum* an, in Bezug auf uns alle spricht sie von Rechtfertigung und Heiligung. Wir stimmen völlig darin überein, dass die Aneignung der Früchte des Heilswerkes Christi durch das Wirken des Heiligen Geistes in der Kirche geschieht. **GOS IV**

Es ist der Glaube der heiligen Kirche, dass Gott durch Jesus Christus im Heiligen Geist uns Menschen das Heil schenkt. Dies Heilswerk wird in der Tradition der orthodoxen Kirche insbesondere als Vergöttlichung (*Theosis*, deutsch auch: Verherrlichung) beschrieben, in evangelischer Theologie vor allem als Rechtfertigung (*iustificatio*) und Heiligung (*sanctificatio*). Beide Aussagen blicken auf das eschatologische Ziel, in dem wahres Menschsein zur Erfüllung kommt und damit Gottes Willen mit seiner Schöpfung. GOS V

Christus und Nachfolge Wie Christus zur Zeit seines Erdenlebens Menschen aus unterschiedlichen Situationen in seine Nachfolge rief, so ruft er auch heute Menschen aus allen Völkern, ihre Lebensweise ihm darzubringen und ihm nachzufolgen. [...] Glaube und tatkräftige Nachfolge gehören untrennbar zusammen. Die Möglichkeit der Nachfolge ist uns durch Gottes Barmherzigkeit erschlossen. [...] Indem der Mensch Gott nachfolgt, antwortet er mit dem Glauben auf die Gnade Gottes. [...] Nachfolge ist ein kontinuierlicher Vorgang, in dem es ein Vorankommen im Glauben und in der Liebe gibt. Aber die Christus nachfolgenden bleiben sündige Menschen, da sie von Versuchungen heimgesucht werden und wieder fallen können. [...] Die ganzheitliche Nachfolge Christi vollzieht sich in der Kirche als dem Leib Christi, in welchem jedem Glied seine besonderen Gaben und Bestimmungen zugemessen sind. Die Liebe zu Gott findet ihren Ausdruck im Gebet, im Gottesdienst, im Empfang der Sakramente der Kirche, wie auch im Tun des Guten, das heißt in Äußerungen der Liebe zu den Menschen. Maßstab für das Verhalten der Christen zueinander ist die Liebe Gottes in Christus, zu der jeder berufen ist und in der einer dem anderen dient. Die Liebe zu den Menschen und die Äußerungen der Liebe erstrecken sich nicht nur auf den Bereich der persönlichen Beziehungen, sondern auch auf das soziale Leben. Wie der äußere Friede zwischen den Menschen und Völkern eng verbunden ist mit dem innen Frieden, so ist auch das soziale Tun des Guten – Friedensarbeit, Beseitigung rassistischer, sozialer und anderer Arten von Unterdrückung – verbunden mit der persönlichen

Nachfolge Christi, mit dem Wirksamwerden des Glaubens in allen Bereichen des Lebens der Menschheit und jedes einzelnen Christen. **SAG IV**

Christus und Sakrament Wir können gemeinsam sagen, dass Christus das eigentliche Sakrament ist. **GOS VI**
Siehe auch: Christen und Nichtchristen, Freiheit und Verantwortung, Glaube und Rechtfertigung, Gottesdienst und Heiliger Geist, Kreuz und Auferstehung, Nachfolge Christi und Heiliger Geist, Schrift und Tradition, Taufe und Zugehörigkeit zur Kirche

Christusförmigkeit *Siehe: Heiligung und neues Leben*

Communicatio idiomatum *Siehe: Christus und das Heil, Heiligkeit und diakonisches Handeln*

Communio sanctorum **und Kirche** So sagen wir gemeinsam, dass die Kirche nicht das Werk von Menschen ist, sondern ausschließlich Gottes Werk. Er hat sie geschaffen durch die Ausgießung des Heiligen Geistes, und Jesus Christus ist der Grund, auf dem die *sanctorum communio* durch den Heiligen Geist erbaut wird. [...] In Wort und Sakrament gibt der Herr einem jeden von uns die von ihm erfahrene Gemeinschaft mit Gott weiter und wird von einem jeden durch Hören des Wortes und Teilhabe am Sakrament angenommen. [...] Deswegen ist die gemeinsame Teilhabe an dem eucharistisch sich in Brot und Wein hingebenden Christus die lebende Quelle des göttlichen Lebens und die Grundlage einer jeden Gemeinschaft der Heiligen. So bekennen wir, dass die *sanctorum communio* durch die Zeiten reicht. Sie ist im Liebesratschluss Gottes des Schöpfers begründet als ewige Gemeinschaft im Reich Gottes [...]. So begründet die innertrinitarische Liebe die Gemeinschaft der Heiligen und hält sie lebendig (Joh 17,1-26). *Communio sanctorum* bedeutet ein ständig erneuertes Sein in Christus [...]. In dieser

Gemeinschaft mit dem Sohn ist die Sendung in die Welt als Wesensmerkmal der Kirche begründet, um sein Evangelium zu proklamieren, seine Vergebung und Versöhnung weiterzugeben und so im Heiligen Geist Werkzeug seiner Herrschaft zu sein. **GOS VII**

Siehe auch: Heiligkeit Gottes und Heiligenverehrung

D

Diakonie   Siehe: *Eucharistie und Diakonie, Kirche und politische Verantwortung, Liturgie und diakonisches Handeln, Versöhnung und Kirchen*

Dialog und Verständigung   Die Einbeziehung des geschichtlichen Erfahrungshorizontes in den Dialog, der Kirchengeschichte im engeren Sinn, aber auch der politischen und der Geistesgeschichte, führte seit Kavala 1984 zu einem tieferen gegenseitigen Verstehen. [...] Durch gegenseitiges Anteilgeben an der eigenen Geschichte bis hin zur Offenlegung von erlittenen Verletzungen können Brücken der Verständigung entstehen, durch die eine gemeinsame Geschichte beginnt. Unsere Dialogbegegnungen sind bereits Teil einer solchen Geschichte unserer Kirchen. **BER KON**

douleia   Siehe: *Heiligkeit Gottes und Heiligenverehrung*

E

Einheit *Siehe: priesterlicher Dienst und Ordination, Opfer Christi und Opfer der Gemeinde, (Einheit der Kirche) siehe: Apostelkonzil und Konzilien, Eucharistie und Gemeinschaft, Kirchen und Einheit, Kirche und Geistlicher Dienst, Kirche und Katholizität, Taufe und Neues Leben, Theologie und Kirche, (Einheit in Verschiedenheit) siehe: Nachfolge Christi und Heiliger Geist*

Ekklesiologie und Menschwerdung Die Mitglieder beider Delegationen stimmen darin überein, dass es in der Ekklesiologie darum geht, den christologischen Aspekt und die Bedeutung der Gnade Gottes im Leben der Kirche zu unterstreichen und zu wahren. Denn der höchste Ausdruck der Liebe Gottes zur Welt ist die Menschwerdung des Sohnes Gottes und die durch ihn geschehene Erlösung. Durch ihn wird den Menschen die Fülle der Gnade des Heiligen Geistes mitgeteilt, die in der Kirche Christi lebt und ihnen die nötige Kraft zur Rettung gibt. Der Herr Jesus Christus selbst im Heiligen Geist ist die Quelle des neuen Lebens und der Heiligung. Es wurde unterstrichen, dass die Kirche und die Gnade nicht identisch sind, obwohl sie in einem organischen, unlösbaren Wechselverhältnis stehen. Durch die Wirkung der Gnade gewinnt der Mensch nicht nur den Glauben, als Bedingung und Weg zum Heil, sondern tritt auch in die Gemeinschaft mit den Brüdern im Glauben ein. Die Kraft der Gnade Gottes fördert die Überwindung der Trennung und Entfremdung zwischen Christen, Kirchen und Völkern. **SAG III**
   Siehe auch: Sakramente und Kirche

Entfremdung der Kirchen und Schuld Am Ende des zweiten christlichen Jahrtausends leiden wir noch immer an den Folgen der Entfremdung unserer Kirchen. Wir wissen, dass Schuld und Verantwortung auf uns liegen. **KON IX**

Epektase   *Siehe: Heiligung und Lebensvollzug*

Epiklese   *Siehe: Glaubensbekenntnis und Kirchen, Sakrament und Wort*

***Episkope* und Kirche**   *Episkope* ist ein für die Kirche unbedingt notwendiger Dienst. Als geistlicher Dienst zeigt sie sich im Vollzug der Sakramente und der Gottesdienste, in der Verkündigung des Evangeliums und in der geistlichen Leitung des Volkes Gottes. Die Ordination zu diesem Dienst ist ein wirksames Zeichen der Gnade Gottes und Voraussetzung für den geistlichen Dienst am Volke Gottes. **ARN X**
Siehe auch: Kirche und Apostolizität, Kirche und Episkope, priesterlicher Dienst und Episkope

Erlösung   *Siehe: Buße und Vergebung, Christus und das Heil, Freiheit und Verantwortung, Glaube und Rechtfertigung, Heiligkeit Gottes und Heiligenverehrung, Hoffnung auf die Zukunft und neuere theologische Diskussion, Kreuz und Auferstehung, Reich Gottes und Erneuerung, Taufe und Dienst an der Welt, Taufgelöbnis und Erneuerung*

Eucharistie und Amt   Angesichts der Schwierigkeiten, die für das Verstehen zwischen beiden Kirchen aus einer jahrhundertelangen Tradition erwachsen, wurde mit Dankbarkeit festgestellt, dass bei der Aussprache über die Vergegenwärtigung des einmaligen Opfers Christi in der Eucharistie und die Teilhabe des ordinierten kirchlichen Amtes am dreifachen Amt Jesu Christi (dem prophetischen, dem priesterlichen und dem königlichen Amt) annähernde Auffassungen vertreten wurden. **KON V**
Für beide Dialogpartner ist das Verständnis der eucharistischen Gaben als Leib und Blut Christi wesentlich. [...] Die Frage des Amtes hat auch Konsequenzen für die gegenseitige Anerkennung des Kirche-Seins und der Sakramente. Bereits heute besteht Einigkeit zwischen unseren Kirchen

darüber, dass bei einem Übertritt die Taufe nicht wiederholt wird. **BER KON**

Eucharistie und Diakonie   Darüber hinaus wurde anerkannt, dass die Diakonie eine Lebensäußerung der eucharistischen Gemeinde ist. **KON V**
  In der Erfahrung der eucharistischen Gemeinschaft gibt Gott der Kirche und den Christen unmittelbar den Auftrag, sich der Nöte der Menschen anzunehmen. **KON VII**

Eucharistie und Gemeinschaft   Das Sakrament der Eucharistie, für das in den evangelischen Kirchen die Bezeichnung Heiliges Abendmahl gebräuchlicher ist, gilt für beide Kirchen als das Sakrament, in dem die Fülle des Gekreuzigten und Auferstandenen real gegenwärtig ist und sich somit die Gemeinschaft des Leibes Christi in vollkommenster Weise ereignet. In der Eucharistie wird dem Sünder Vergebung der Sünden, Leben und Seligkeit geschenkt. Dabei wird das einmal geschehene Opfer von Golgatha in der Eucharistie nicht wiederholt, sondern in seiner heilspendenden Wirkung für uns immer aufs Neue aktualisiert. Der Einsetzung Christi entsprechend, besteht Übereinstimmung darin, dass die Eucharistie auch der Gemeinde unter beiderlei Gestalt gespendet wird. Es besteht Übereinstimmung darüber, dass die Gläubigen bei der Kommunion wahrhaftig Leib und Blut des Gekreuzigten und Auferstandenen empfangen. Die Umwandlung der eucharistischen Gaben bleibt ein *Mysterium fidei*. Sie kann nicht unter Verwendung philosophisch-scholastischer Kategorien z.B. als Transsubstantiation, erklärt werden. [...] Als Voraussetzung für die Teilnahme an der Kommunion gelten übereinstimmend Taufe und Bußernst. [...] Die evangelischen Kirchen erwägen im Zusammenhang mit der Rezeption der Konvergenzerklärungen zu Taufe, Eucharistie und Amt (Lima-Papiere) das Angebot eucharistischer Gastbereitschaft als einen Schritt auf dem Wege zur kirchlichen Einheit. Im Unterschied dazu

betrachtet die orthodoxe Kirche bisher die Abendmahlsge-
meinschaft als Siegel bereits erreichter Einheit der Kirche.
HRH III

Eucharistie und kirchliches Leben Wir glauben, dass
die Gegenwart Christi immer im Heiligen Geist wiederfährt
und dass die im Abendmahlsgottesdienst dargebrachten
Elemente Brot und Wein kraft der Einsetzung Christi durch
das Werk des Heiligen Geistes Eucharistie des Leibes und
des Blutes Christi werden. Wir empfangen in der Kommunion also nicht gewöhnliches Brot und gewöhnlichen
Wein, sondern Leib und Blut Christi, wie es der hl. Irenäus
schreibt, dass das Brot von der Erde, wenn es das Wort
Gottes empfängt, nicht mehr gewöhnliches Brot ist, sondern
Eucharistie, die aus zwei Dingen besteht, einem irdischen
und einem himmlischen. **ARN VI**

Eucharistie und Mensch der Gegenwart Die hl. Eucharistie stärkt den Menschen auch heute für den Weg christlichen guten Wirkens im Geiste der evangelischen Gebote und
Verheißungen der Liebe, des Friedens und der Bruderschaft.
Die Eucharistie ist die Quelle lichter Hoffnung und der Kraft,
die zu neuen schöpferischen Taten zur Ehre Gottes und zum
Dienst an den Menschen unserer Tage frei macht. **ARN VI**

Eucharistie und Umgestaltung der Welt Durch seine
Fleischwerdung und sein Heilswerk verwirklicht unser Herr
Jesus Christus in seiner gottmenschlichen Person die für
das Heil des sündigen Menschen notwendige Umgestaltung. [...] Dieses Heilswirken wird durch die Kirche – den
Leib Christi – verwirklicht und zwar zuerst an denen, die
das Glück haben, ihr anzugehören. Aber die wohltätige
Einwirkung des Heiligen Geistes breitet sich auch über die
ganze Welt aus; denn erstens erstreckt sich der erleuchtende
Einfluss der Kirche nicht nur auf ihre Glieder, und zweitens
können jede gute Absicht und noch mehr jede wahrhaft

gute Tat außerhalb der Kirchenmauern auch nicht anders betrachtet werden als durch den Heiligen Geist gewirkt.

Indem der Mensch auf den Ruf Christi antwortet und sein Herz dem wohltätigen Wirken des Heiligen Geistes aussetzt, wird er zu einem freien und freudigen Mitarbeiter Gottes in dem Werk der gnadenvollen Umgestaltung seiner selbst und der ihn umgebenden Welt.

Unter den Gnadengaben, die Jesus Christus seiner Kirche darbietet, nimmt das Abendmahl eine wesentliche Stellung ein. Es ist eine mächtige Kraft der Umgestaltung eines jeden Christen, der christlichen Gemeinde und dadurch der umgebenden Welt zum Guten und zur Heiligung. Der im Abendmahl gegenwärtige Christus macht die Christen durch das Wirken seines Heiligen Geistes offen für jeden wahrhaft guten Willen, zur Versöhnung, zum Frieden und zur Gerechtigkeit, der er in der Welt begegnet.

Indem ein Christ mit Glauben, Hoffnung und Liebe an den Tisch des Herrn herantritt, kommt er durch das Wirken des Heiligen Geistes in die engste innere und äußere Gemeinschaft mit seinem Herrn und Heiland. Das hat eine ihn umgestaltende Wirkung; sie festigt den Glauben, erweckt neue Hoffnung und bestärkt in der Liebe.

Gleichzeitig wird dem Kommunikanten beim Mahl die Vergebung der Sünden, die Läuterung des Herzens und die Erneuerung der menschlichen Natur zuteil.

Die Heilige Eucharistie erscheint uns als Unterpfand der eschatologischen Verklärung, die den Christen vom Kampf wider die Sünde völlig befreien und zur Teilnahme an der Herrlichkeit Christi im ewigen Reiche Gottes des Vaters führen wird, wo Gott alles in allem sein wird. **ARN VI**
siehe auch: Abendmahl, Frauen und Amt, Gottesdienst und Heiliger Geist, Kirche und politische Verantwortung, Opfer Christi und Opfer der Gemeinde, Taufe und Sakrament

Europa *Siehe: Kirchen und Europa, Menschenbild und christliche Wurzeln Europas*

Evangelium   *Siehe:* Communio sanctorum *und Kirche, Kirche und Evangelium, Kirche und Heiligkeit, Kirche und Staat, Taufe und allgemeines Priestertum*

F

Frauen und Amt   Von beiden Seiten wurde das für die
Kirche aktuelle Problem der Teilnahme der Frauen am gottesdienstlichen Leben und am Amt angesprochen. Während
die evangelische Seite die Zulassung der Frauen zur sakramentalen gottesdienstlichen Tätigkeit praktiziert, schließt
die orthodoxe Seite, der Alten Kirche treu bleibend, die
Zulassung der Frauen zur Verwaltung der Eucharistie und
der anderen Sakramente – mit Ausnahme der Taufe, welche
im äußersten Notfall von Laien vollzogen werden kann – aus,
während sie eine weitgehende Einbeziehung der Frauen in
die verschiedenen Arten des kirchlichen Dienstes (bis hin
zu den der Alten Kirche bekannten Pflichten der Diakonis-
sen) zulässt und auf jede Weise begünstigt. **SAG V**
   Nachdem die Evangelische Kirche in diesem Jahrhundert
die geistliche Kraft der Frauen im Leben der Gemeinden neu
entdeckt hat, beruft sie seit einigen Jahrzehnten Frauen zu
Geistlichen. Sie praktiziert seitdem die volle Zulassung der
Frauen zu allen Formen kirchlichen und gottesdienstlichen
Handelns, einschließlich der Spendung des Abendmahls.
Die Evangelische Kirche möchte auf den Dienst der Frauen
im geistlichen Amt nicht mehr verzichten.
   Die Orthodoxe Kirche schätzt den Dienst der Frauen
ebenfalls hoch ein. Auf allen Gebieten des kirchlichen Lebens bis hin zum Gottesdienst (z. B. auch der Predigt) sind
Frauen tätig. Die Orthodoxe Kirche sieht sich sowohl von
der Heiligen Schrift als auch von der Tradition her nicht in
der Lage, Frauen zur Verwaltung der Sakramente (mit Ausnahme der Taufe in Notfällen) zuzulassen. Deshalb werden
Frauen nicht zu Geistlichen geweiht. **HRH IV**

Freiheit und Verantwortung   Die Freiheit ist begründet
in der Gottebenbildlichkeit des Menschen und im Erlösungs-
handeln Christi. Freiheit bedeutet sowohl die der mensch-

lichen Natur eigene Fähigkeit zum Wählen, einschließlich der Wahl zwischen Gut und Böse, sie bedeutet auch, dass menschliche Handlungen nicht determiniert sind und sie meint auch die Freiheit vom Bösen und die Freiheit für die Liebe, sowie die Nichtgebundenheit durch die Ketten der Sünde und der Leidenschaften, d. h. die Freiheit in Christus, von welcher der Apostel Paulus spricht. Die Freiheit ist mit anderen sittlichen und ontologischen Kategorien des menschlichen Seins untrennbar verbunden. In der orthodoxen und evangelischen Tradition ist die Freiheit ohne Verantwortung undenkbar. Der Mensch soll und muss seine Freiheit nutzen. Dabei soll er sich immer die Rechenschaft ablegen, dass sie ihm selbst und auch den ihn umgebenden Menschen sowohl das Gute als auch das Böse bringen kann. Die Kategorie der Freiheit ist auch mit der Kategorie des Willens verbunden. Durch den Willen setzt der Mensch seine Freiheit der Wahl um. Dabei ist der Wille des Menschen als unentbehrlicher Teil der menschlichen Natur durch die Sünde verdorben und braucht Erlösung durch Christus. Deshalb kann der Mensch die ihm eigene Freiheit nicht erreichen, solange er in der Macht des Gesetzes der Sünde bleibt, also nicht die Befreiung im Herrn Jesus Christus bekommen hat. Die Freiheit ist kein Selbstzweck, sondern ein Werkzeug zur moralisch – geistigen Vervollkommnung des Menschen. Die Freiheit als Vorbedingung für die Wahl des Guten und das gnädige Handeln Gottes gehören untrennbar zusammen. Beide Seiten stimmten darin überein, dass das in der modernen Welt dominierende säkulare Verständnis der Freiheit als der höchstmöglichen Vielheit der Wahl sowie als einer möglichst geringen äußeren Einschränkung eines Individuums bei der Umsetzung seiner Wünsche unzureichend ist und dem christlichen Verständnis der Freiheit direkt widerspricht. **BUR V**

Siehe auch: Auferstehung und Veränderung der Welt, Kirchen und Europa, Kirche und Menschenwürde

Frieden und Trennung der Kirchen   Das Problem der Friedensstiftung und den Bedingungen der Trennung der Kirchen scheint uns in hohem Maße ein ökumenisches Problem zu sein. Es schließt in sich die Suche nach dem gesamtchristlichen Zeugnis angesichts der getrennten Welt und eine konkrete gemeinsame Arbeit für die Stärkung des Friedens und der Gerechtigkeit. Je mehr die Kirchen zum Frieden untereinander fortschreiten, umso wirksamer werden sie zum Frieden in der Welt aufrufen können. **SAG V**

Siehe: Atomkrieg und Kirche, Auferstehung und Veränderung der Welt, Christen und Nichtchristen, Christus und Nachfolge, Hoffnung auf die Zukunft und Auferstehung, Kirchen und Europa, Kirche und Staat, Opfer Christi und Opfer der Gemeinde, Versöhnung und Friede, Versöhnung und Kirchen, Versöhnungshandeln Gottes und Mitarbeit des Menschen

G

Gebet   *Siehe: Buße und Gebet, Christus und Nachfolge, Episkope und Kirche, Gottesdienst und Heiliger Geist, Heiligung und Heiliger Geist, Kirche und Geistlicher Dienst, priesterlicher Dienst und Ordination, Versöhnungshandeln Gottes und Mitarbeit des Menschen*

Geheimnis   *Siehe: Opfer Christi und Opfer der Gemeinde*

Geist, Heiliger   *Siehe: Christen und Nichtchristen, Christus und das Heil, Communio sanctorum und Kirche, Ekklesiologie und Menschwerdung, Gemeinschaft und Vollendung, Gottesdienst und Heiliger Geist, Heilige und Gottes Verheißung, Heiligung und Heiliger Geist, Heiligkeit und diakonisches Handeln, Hoffnung auf die Zukunft und Auferstehung, Kirche und Charisma, Kirchen und Einheit, Kirche und Heiligkeit, Kirche und Ökumenizität, Nachfolge Christi und Heiliger Geist, priesterlicher Dienst und Ordination, Taufe und Neues Leben, Taufe und Sündenvergebung, Überlieferung und Schrift, Verkündigung und Evangelium, Versöhnungshandeln Gottes und Mitarbeit des Menschen*

Gemeinschaft und Vollendung   Völlige Übereinstimmung besteht zwischen uns im Verständnis des Zieles des Weges zur Vollendung, das Gott seinem Volk verheißen hat, der Teilhabe an Gottes Herrlichkeit in der Gemeinschaft mit dem gekreuzigten, auferstandenen und erhöhten Christus kraft des Heiligen Geistes. Auch wenn das Wort »Vergöttlichung« der Sprache evangelischer Frömmigkeit in der Regel fremd ist, so doch nicht die Sache; zumal die gottesdienstlichen Lieder der Reformation zur Weihnacht in Übereinstimmung mit den Vätern der alten Kirche davon singen. Wir bekennen auch gemeinsam, dass die Teilhabe an der göttlichen Natur den wesenhaften

Abstand zwischen Schöpfer und Geschöpf nicht aufhebt.
GOS V

Siehe auch: communio sanctorum *und Kirche, Glaubens-*
bekenntnis und Kirchen, Heilige und Gottes Verheißung, Hei-
ligkeit Gottes und Heiligenverehrung, Heiligkeit und diako-
nisches Handeln, Heiligkeit und Nachfolge, Heiligung und
Lebensvollzug, Kirche und Dienst am Menschen, Kirchen und
Einheit, Kirchen und Europa, Reich Gottes und Erneuerung,
Ekklesiologie und Menschwerdung, Taufe und Neues Leben,
Wesen der Kirche und Gestalt der Kirche

Glaube und Gemeinschaft der Kirche Im Verlaufe der
Geschichte der Kirche und in den Auseinandersetzungen
um die Bewahrung des apostolischen Glaubens wurden
Maßstäbe zur Scheidung der Geister entwickelt. Kriterium
zu dieser Prüfung und Unterscheidung ist das grundlegende apostolische Zeugnis von Jesus Christus in der vom
Heiligen Geist geleiteten Gemeinschaft der Kirche. Diese
Gemeinschaft findet ihren Ausdruck im konziliaren Wesen
der Kirche. **KON VIII**

Glaube und Gottesdienst Gemeinsam können wir feststellen, dass der Glaube der Kirche in unseren Kirchen
im Lobpreis Gottes lebendig wird. Der Gottesdienst ist der
Ort, wo die wesentlichen theologischen und dogmatischen
Wahrheiten vergegenwärtigt und persönlich angeeignet
werden. **GOS XI**

Glaube und Rechtfertigung Wir empfangen die Rechtfertigung durch die Gnade im Glauben an die Erlösung
durch den Herrn Jesus Christus.

Eine Rechtfertigung aufgrund von guten Werken gibt
es nicht.

Damit wird das Missverständnis ausgeschlossen, dass
in der orthodoxen Theologie die guten Werke eine Vorbedingung für die Rechtfertigung sind, bzw. dass in der

evangelischen Theologie die neutestamentliche Lehre vom Gericht nach den Werken abgelehnt wird.

Das reformatorische Erlebnis der Rechtfertigung aus dem Glauben findet eine weitgehende Entsprechung in der orthodoxen Liturgie und Aszetik. **ARN I**
Unsere beiden Kirchen halten daran fest, dass wir das Heil oder die Rechtfertigung durch die Gnade im Glauben an die Erlösung empfangen, die durch Jesus Christus geschehen ist. Sie erfolgt nicht aufgrund von guten Werken. Dennoch messen beide Kirchen den guten Werken im Leben des Christen eine große Bedeutung bei. Denn wir stehen durch den Glauben an Christus in einer lebendigen, versöhnten Gemeinschaft mit dem dreieinigen Gott, der uns mit der Kraft seines Geistes begabt und uns zu seinen Mitarbeitern im Tun des guten beruft und befähigt. Der Glaube an Christus erweist sich immer durch ein Leben in Christus. Der Glaube ist tätig durch die Liebe.

In den Dialogen wurde beiden Gesprächspartnern deutlich, dass das Geschehen des Heils oder die Rechtfertigung ihren Ort in der Kirche als der Gemeinschaft der Gläubigen hat. Das heißt, sie dürfen weder theologisch noch praktisch-seelsorgerlich aus dem Gesamtzusammenhang des rettenden Handelns Gottes am Menschen herausgelöst werden, das durch das Wort Gottes und die Sakramente geschieht und auf das die Menschen mit dem Glauben und der Erfüllung der Gebote antworten.

Das Heil oder die Rechtfertigung aus dem Glauben ist sowohl ein einmaliges göttliches Gnadenhandeln an uns, durch das wir Christen werden, als auch ein weitergehendes gnadenvolles Geschehen an uns, durch das wir in der Gemeinschaft der Kirche zu einem Leben in Christus angeleitet werden und im Christsein bleiben und wachsen. **BER ROK**
Siehe auch: Christus und Nachfolge, Heilige und Gottes Verheißung, Kirche und Apostolizität, Kirchen und multikulturelle Gesellschaft, Kirche und Menschenwürde Kirche und säkularisierte Gesellschaft, Rechtfertigung und Neues Leben,

Sakrament und Glaube, Taufe und allgemeines Priestertum, Taufe und Neues Leben, Theologie und Kirche, Veränderung der Gesellschaft und Kirche, Wirklichkeit der Auferstehung und Wirkung der Auferstehung; außerdem: Glaubenserfahrung – siehe: Versöhnung und Kirchen; Glaubenspraxis – siehe: Wesen der Kirche und Gestalt der Kirche; Glaubenstradition – siehe: Opfer Christi und Opfer der Gemeinde; Glaubensvollzug – siehe: Heiligkeit Gottes und Heiligenverehrung; Glaubenszeuge – siehe: Heiligkeit und Gedächtnis; Gläubige – siehe: Opfer Christi und Opfer der Christen, priesterlicher Dienst und Ordination

Glaubensbekenntnis und Kirchen »Die gemeinsame Anerkennung des Glaubensbekenntnisses von Nizäa Konstantinopel ist die Grundlage für mehr evangelisch-orthodoxe Gemeinschaft« (EKD Synode Braunschweig, November 2000). Dieses Bekenntnis sollte in der ursprünglichen Fassung auch in der gottesdienstlichen Praxis der evangelischen Gemeinden stärker Berücksichtigung finden. **KON XII**

Die der Kirche gestellte bleibende Aufgabe, das Bekennen des Glaubens heute auf Grund von Schrift und Tradition zu üben, verweist sie letztlich auf die Epiklese, die Bitte um die freie Gegenwart des Geistes Gottes. **GOS I**

Siehe auch: Taufgelöbnis und Erneuerung

Gnade und Wille Die Gnade wirkt nicht durch Zwang oder gegen den Willen des Menschen. **KON XIII**

Siehe auch: Christus und Nachfolge, Ekklesiologie und Menschwerdung, Episkope und Kirche, Glaube und Rechtfertigung, Kirche und geistlicher Dienst, Rechtfertigung und Neues Leben

Gottesdienst und Eucharistie Die entscheidende Gabe der Eucharistie ist, dass in ihr Christus selber als der Gestorbene und Auferstandene zu denen kommt, die die

Eucharistie empfangen, um in sie einzugehen und sie mit sich und unter einander zu verbinden (Joh 6,46). Dieses Kommen widerfährt allen, die Brot und Wein der Eucharistie empfangen, zum Heil für den Glauben, zum Gericht über den Unglauben (1 Kor 11,27-29).

Christus gibt sich uns in der Eucharistie, indem er uns Anteil gibt an seinem »Leib« und an seinem »Blut« (1 Kor 10,16; Joh 6,53). Die Theologie unserer Kirchen bemühte sich durch die Jahrhunderte, genauer zu bestimmen, wie sich die eucharistischen Gaben, Leib und Blut, zu Christus selbst der sich uns hier gibt, verhalten. Sein »Leib« wird z. B. heute in der Exegese meist als seine »Person« verstanden, sein »Blut« als sein Sterben für alle.

In der abendländischen Tradition bemühte sich die Theologie vielfach, genauer zu bestimmen, wie sich Leib und Blut zu den Elementen Brot und Wein verhalten.

Das Neue Testament zeigt uns, dass die Elemente Brot und Wein mit Leib und Blut untrennbar verbunden werden. Um das Wesen dieses Geheimnisses auszusagen, verwendet die orthodoxe Theologie die Termini »Umwandlung«, »Umschaffung«, »Transsubstantiation«, die lutherische Theologie die Umschreibung, dass »in, mit und unter« Brot und Wein Leib und Blut gegeben werde.

Die Frage, in welchem Sinn die Eucharistie ein Opfer ist, wurde noch nichts diskutiert. Wir sind uns jedoch darin einig, dass nach dem Neuen Testament das einmalige Golgatha-Opfer unwiederholbar ist und seine Heilswirkung sich über alle Zeiten erstreckt. Die Eucharistie ist keine Wiederholung des Golgatha-Opfers, sondern vergegenwärtigt es in seiner Heilswirkung im Leben der Gemeinde wie im Leben jedes Christen (1 Kor 11,25).

Die Eucharistie dient nicht dem individualistischen Heilsverständnis. Wer an Christi Leib, der Gabe des Mahles, teilbekommt, wird mit den Mitfeiernden zum »Leib Christi«, der Gemeinde, verbunden (1 Kor 10,17), in die er durch die Taufe gestellt ist (1 Kor 12,13). Die Eucharistie ruft daher nicht nur zur Vereinigung mit dem Herrn durch Glauben und Liebe, sondern auch zum Erweis der Bruderliebe gegenüber den Gliedern der Gemeinde (1Kor 10,16f), die die grundlegende Bewährung der Liebe gegenüber allen Menschen ist (Gal 6,10).

Beide Seiten sind sich darin einig, dass die Eucharistie nach dem Neuen Testament die Mitte des christlichen Lebens ist. Für beide ist auf alle Fälle das Wesentliche des Sakraments die Kommunion aller Feiernden mit dem wahren Leib und Blut Christi unter den Gestalten des Brotes und des Weines. **ARN VI**

Gottesdienst und Heiliger Geist   Beide Seiten erkennen an, dass der Gottesdienst in allen seinen Gestalten durchdrungen ist vom Wirken des Heiligen Geistes.

In den Sakramenten, den Gebeten und in der Predigt ist der Herr Jesus Christus gegenwärtig.

In der Eucharistie nehmen wir Leib und Blut des Herrn Jesus Christus zu uns zur Heiligung des ganzen Menschen.

Der Gottesdienst, und insbesondere die Eucharistie, wird für die ganze Welt gefeiert und richtet unseren Glauben auf die Wiederkunft Jesu Christi.

Jesus Christus ist das Haupt der Kirche (Kol 1,18). Im Gottesdienst wie auch im ganzen Leben der Kirche erscheint die göttliche Heilsordnung zur Errettung der Menschen. **ARN II**

Gottesdienst und neue Schöpfung   Vor allem in der gottesdienstlichen Versammlung, in der lobpreisenden Gemeinschaft mit den Brüdern und Vätern, sowie mit der außermenschlichen Kreatur ist durch die Gegenwart Christi die Vollendung der neuen Schöpfung schon präsent. **ARN V**

Gottesdienst und *perpetua vox evangelii*   Die vielgestaltige Geschichte des hymnologischen Schaffens, seines poetischen und musikalischen wie seines künstlerischen und geistlichen Gehalts, gibt unseren Kirchen Anlass zu Überlegungen über die *perpetua vox evangelii* wie über die sprachliche, psychische und poetische Beteiligung des heutigen Menschen am Gottesdienst. **ARN V**

Siehe auch: Buße und Gebet, Christus und Nachfolge, Heiligkeit Gottes und Heiligenverehrung, Heiligung und Lebensvollzug, Opfer Christi und Opfer der Christen, priesterlicher Dienst und Ordination, Schöpfung und Sonntagsheiligung, Taufgelöbnis und Erneuerung, Verkündigung und Evangelium, Versöhnung und Kirchen, Versöhnungshandeln Gottes und Mitarbeit des Menschen

Gottesebenbildlichkeit und Menschenwürde Unsere Kirchen befürworten die Beachtung demokratischer Grundsätze in Staat und Gesellschaft, die dem synodalen Charakter der Kirchen entsprechen. Dabei ist die unantastbare Würde der menschlichen Person sowohl im kirchlichen als auch im politischen Bereich Grundprinzip des Handelns. Für die Kirche ist diese Würde der menschlichen Person in der Geschöpflichkeit und der Gottesebenbildlichkeit begründet. Daher bejahen unsere Kirchen die unbedingte Geltung der Menschenrechte. **KON XIV**

Siehe auch: Freiheit und Verantwortung

H

Heilige und Gottes Verheißung Die Kirche ist die Gemeinschaft der Heiligen. Das heißt, in ihr wird Gottes Verheißung erfüllt, der sich ein heiliges Volk aus allen Völkern erwählt (Ex 29,6; Lev 19,2). Diese Sammlung der Kirche zielt auf das Heil der ganzen Menschheit durch das Kreuz und die Auferstehung Jesu Christi.

Gottes Verheißung für den Menschen besteht darin, dass Er seinen ursprünglichen Schöpferwillen gegen Sünde und Tod durchsetzt und den Menschen nach Seinem Bilde und dem Bilde des Erlösers Jesus Christus gänzlich umgestaltet und erneuert. Die Verheißung findet ihre volle Erfüllung im Reiche Gottes. Sie hebt an in der Kirche durch die Teilhabe am Heiligen Geist in den Sakramenten, in der Verkündigung, im Glauben, im wahren geistlichen Leben der Christen. [...] Die Heiligkeit der Christen hat ihren Grund in Gott. Evangelische Theologie spricht hier von der Rechtfertigung. Orthodoxe Theologie kann die Heiligkeit auch als ontologische Eigenschaft beschreiben, aber als »die Eigenschaft, die nichtweltlichen Energien eigen ist« (P. Florenskij) **ARN VIII**

Heiligkeit Gottes und Heiligenverehrung Beide Kirchen unterscheiden zwischen der Anbetung (*latreia*), die allein Gott, der Quelle aller Heiligkeit, gebührt und der Verehrung (*douleia*), die heiligen Menschen zukommt, deren Erinnerung in exemplarischer Weise den Glauben an Christus und das Wirken des Heiligen Geistes vor Augen stellt. Beide Seiten sind sich einig, dass sich die Hervorhebung der im engeren Sinne als Heilige bezeichneten Menschen ihren spezifischen Gnadengaben (*charismata*) und ihrer Hingabe an Christus als dem Heiland und Erlöser verdankt. Beide Kirchen bekennen, dass Jesus Christus der einzige Mittler der Christen bei Gott ist. Sie bekennen gemeinsam, dass die im Glauben Entschlafenen zusammen mit den Lebenden eine Gemeinschaft in Jesus Christus bilden. In der evangelischen Kirche gibt es die Anrufung der Heiligen nicht. In der orthodoxen Kirche ist die Anrufung der Heiligen auf das Erlösungsgeschehen durch Jesus Christus bezogen. In beiden Kirchen wird die Gemeinschaft der irdischen mit der vollendeten Kirche (*communio sanctorum*) erfahren, in der evangelischen gottesdienstlichen Praxis u. a. in der Abendmahlsfeier, in Liedern und Gebeten, im orthodoxen Glaubensvollzug darüber hinaus in der Anrufung der Heiligen als Bitte um Fürbitte. **GOS XIII**

Heiligkeit Gottes und Heiligkeit der Kirche Beide Kirchen bekennen die von Gott geschenkte Heiligkeit als Wesensmerkmal der Kirche und als Berufung der Christen. Die Heiligkeit Gottes und die Heiligkeit der Kirche sind von uns nicht in ihrer Ganzheit zu erfassen. Beide Kirchen bekennen die Heiligkeit des dreifaltigen Gottes. Er allein ist heilig per se (Jes 57,15) und Quelle aller Heiligkeit der Kirche. Sie bekennen die Selbsthingabe Gottes in Christus als einen auf uns Menschen gerichteten Ausdruck dieser Heiligkeit (Hebr 2,11). Dadurch werden die Menschen befähigt, an der Heiligkeit teilzuhaben, zu der sie schöpfungsmäßig berufen sind (Lev 19,2; Mt 5,48). **GOS XIII**

Heiligkeit und diakonisches Handeln Die Heiligkeit des dreieinigen Gottes wird der Kirche in Jesus Christus geschenkt, der in seiner Person die heilige göttliche Natur mit der menschlichen Natur vereinigt, die somit auch geheiligt wird, auf Grund der communicatio idiomatum. Der Herr Jesus Christus heiligt sich selbst durch seinen gesamten Lebensvollzug (Joh 17,19), durch seinen Gehorsam bis zum Tode dem Vater gegenüber, wodurch er die Ebenbildlichkeit des Menschen mit Gott vollendet und somit die vollkommene Gemeinschaft des Menschen mit Gott verwirklicht.

Die altkirchlichen Zeugnisse nennen die Selbsthingabe Gottes in Christus seine Kondeszendenz (Synkatabasis). Beide Kirchen erkennen in der Kondeszendenz ein Modell, das die Menschwerdung Gottes in Christus, den Lebensvollzug Christi, die Mitteilung seines Geistes an die Kirche an Pfingsten und die Heiligung des Menschen durch Gottes Geist in den Sakramenten beschreibt. Zugleich begründet die Kondeszendenz das diakonische Handeln der Kirche und der einzelnen Christinnen und Christen an ihren Nächsten. Der christologische Charakter motiviert das diakonische Handeln und hält die leiblich-geistliche Dimension des christlichen Heils in Erinnerung. Sie macht das diakonische Handeln auch und gerade innerhalb eines säkularen Umfeldes zum christlichen Bekenntnis. **GOS XIII**

Heiligkeit und Heiligengedenken   Gemeinsam bekennen wir, dass Jesus Christus der Weg, die Wahrheit und das Leben ist und dass der durch ihn vom Vater gesandte Geist Quelle, Maß und Kraft aller Heiligkeit ist. In der Geschichte und in der Gegenwart leben und lebten in der christlichen Gemeinde immer auch einzelne Menschen, in denen die von Jesus Christus geschenkt Heiligkeit in besonderer Weise aufleuchtet. Jene Gaben, die durch die Taufe und ein Leben in der Nachfolge Christi allen Gliedern der Gemeinde zu eigen gegeben sind, wie z. B. die christliche Demut, die Gottes- und die Menschenliebe und die Kraft des Gebetes, werden im Leben dieser Menschen auf verschiedene Weise und durch unterschiedliche, außerordentliche Begabungen sichtbar, wie es uns von Christus selbst verheißen worden ist: »Wer in mir bleibt und ich in ihm, der bringt viel Frucht«. Das Leben und das Sterben der Glaubenszeugen ist ein Vorbild für viele, die sich bereits auf dem Weg der Nachfolge Christi befinden oder noch nach einem Zugang zu diesem Weg der Nachfolge suchen; ihr Beispiel tröstet die Angefochtenen, stärkt die Verzagten und gibt Zeugnis von der Liebe des dreieinigen Gottes zu seiner Schöpfung, die in Jesus Christus für uns Menschen und zu unserem Heil Gestalt gewonnen hat. Das Beispiel jener glaubensstarken und vom Heiligen Geist geheiligten Menschen wirkt bis heute in das Leben unserer Gemeinden ein [...]. Indem die christliche Gemeinde diesen besonderen Zeugen der Kirche an bestimmten Gedenktagen oder durch die Benennung von Kirchengebäuden und kirchlichen Einrichtungen Hochschätzung erweist, bleiben sie im Gedächtnis der Gemeinde. **BUR I**

Heiligkeit und Nachfolge Wir unterscheiden »Heilig« im Sinne der Gemeinschaft mit dem uns im Heiligen Geist heiligenden Christus durch das Sakrament der Heiligen Taufe und im Sinne seiner Nachfolge (1Petr 2,9; Eph 4,2; Kol 3,11) [...] und jene Menschen, die in besonderer Weise durch das ihnen zuteil gewordene Charisma und durch Askese Wegweisung und Hilfe für andere Christen geworden sind. **GOS VII**

Siehe auch: Heiligung und Heiliger Geist, Kirche und Katholizität

Heiligung und Heiliger Geist In Christus sind alle Menschen aller Zeiten und Orte zu Heiligkeit und Heiligung bestimmt (Röm 5,12+18). In besonderer und vollständiger Weise schenkt Christus die Heiligung durch das Wirken des Heiligen Geistes in seinem mystischen Leib, der Kirche. Durch die Sakramente als Eingliederung in den Leib Christi schafft der Heilige Geist eine grundlegende und bleibende Gemeinschaft zwischen Christus und seiner Kirche. In dieser Gemeinschaft wird die Heiligkeit Christi der Kirche ständig geschenkt und von ihr angenommen. Die Heiligkeit wird vom Heiligen Geist im weiteren sakramentalen und persönlichen Gebetsleben der Christen ständig gefestigt und vertieft, so dass sie konstitutiv zum Dasein der Kirche gehört. In diesem Sinne bekennen wir, dass die Kirche über alle Zeiten hindurch heilig ist und bleibt. **GOS XIII**

Heiligung und Lebensvollzug   Der gesamte Lebensvollzug des Gläubigen wird [...] zu einem spirituellen Opfer, einem vernünftigen Gottesdienst (*logike latreia*) und dadurch zur Gemeinschaft mit Gott auch im innerweltlichen Dasein. Dieses spirituelle Opfer erfolgt in allen Augenblicken des Alltags, ohne Ausnahme. Besonders deutlich wird es aber in den asketischen Bemühungen der dazu von der Gnade Gottes Berufenen und in Notsituationen menschlicher Existenz, beispielsweise bei Verfolgung oder angesichts des Todes. Im Laufe dieses Heiligungsgeschehens, das dem Gläubigen geschenkt wird und an dem er sich auch als Subjekt beteiligt, erfährt er ein Wachstum seiner schon bestehenden Gemeinschaft mit Christus. Der vernünftige Gottesdienst in der Welt gewinnt wiederum eine neue Qualität im Sinne von Phil 3,12 (*epektasis*). Die Heiligkeit der Kirche wird aber nicht nur im geistlichen Wachstum der Gläubigen, sondern auch in der Hinwendung zu jenen erfahren, die vom Leben in Christus abweichen und deren Lebensentwurf scheitert. Die Kirche ruft zu Buße und Umkehr und eröffnet ihnen mit der Zusage von Vergebung und seelsorgerlicher Begleitung die Möglichkeit, ihre Menschlichkeit in der ihnen zugänglichen Fülle zu erleben. **GOS XIII**

Heiligung und neues Leben   Auch im Verständnis des Lebens der Gläubigen, begonnen mit der heiligen Taufe und von ihr bestimmt, dem Weg der Heiligung, des neuen Lebens in Christus, im ihm immer mehr Ähnlich-Werden (2Kor 3,18; Gal 4,19), bestehen tiefe Übereinstimmungen: wir lehren gemeinsam, dass der Getaufte in seinem ganzen Leben auf die Gnade Gottes durch den Heiligen Geist angewiesen bleibt, Glaube, Rechtfertigung und Heiligung haben ihren Ort innerhalb der Kirche, in der Teilhabe an ihrem sakramentalen Leben, das ein Leben im Worte Gottes einschließt [...].

Das Leben des Gläubigen ist vom ständigen Kampf gegen die Sünde und dem Ringen um Heiligung bestimmt.

Gerade als Getaufter, dem die Sünden vergeben sind und dem der Heilige Geist geschenkt wurde, darf der Christ nicht untätig bleiben [...].

Diese Aktivität des Christen auf dem Wege der Heiligung versteht orthodoxe Theologie als »Synergie« des Gläubigen mit Christus durch Gnade. In evangelischer Theologie ist dieser Sprachgebrauch nicht üblich, zumal das Wort Synergismus einen negativen Klang hat. Aber wir bekennen gemeinsam, dass Gott am Menschen nicht mechanisch wirkt, sondern sein Herz gewinnen will und deshalb seinen Glauben, seine Liebe und damit seine guten Werke fordert. Eine »Synergie der Liebe«, die festhält, dass Gottes Liebe durch das Kreuz und die Auferstehung Christi uns zur Liebe freimacht gegen ihn, Gott, und die Mitmenschen, ja die ganze Schöpfung, ist kein Kontroverspunkt. In dieser Liebe wurzelt nach unserer gemeinsamen Überzeugung die Weltverantwortung der Christen auch im sozialen Bereich. **GOS V**

Unsere Kirchen lehren gemeinsam, dass Gott die Menschen durch sein versöhnendes Handeln in Jesus Christus zu einem Leben in Heiligkeit und Gerechtigkeit beruft, das sowohl eine Gabe Gottes als auch zugleich unsere Aufgabe ist. Die Heiligung ist ein Werk des Heiligen Geistes, in dessen Kraftfeld die Christen durch ihre Taufe in der Kirche leben und der ihr Leben im Sinne der Christusförmigkeit umgestaltet. Die den Christen auf diese Weise zugeeignete Heiligkeit verstehen wir nicht als eine bloße moralische Vollkommenheit, sondern als die Erneuerung des menschlichen Lebens nach dem Bild Gottes in Jesus Christus. Sie hat ihren Grund nicht in einer menschlichen Anstrengung, sondern in der unverdienten Gnade Gottes. Sie bedeutet nicht Sündlosigkeit, wohl aber schließt sie den Kampf gegen die Sünde ein, durch welche der Christ immer wieder bis zu seinem Tod angefochten wird. **BER ROK**

Siehe auch: Auferstehung und Veränderung der Welt, Christus und das Heil, Ekklesiologie und Menschwerdung, Got-

tesdienst und Heiliger Geist, Rechtfertigung und Heiligung, Versöhnungshandeln Gottes und Mitarbeit des Menschen; außerdem: Heilslehre – siehe: Kreuz und Auferstehung; Heilsordnung – siehe: Gottesdienst und Heiliger Geist; Heilstat – siehe: Auferstehung und Veränderung der Welt; Heilswerk – siehe: Christus und das Heil; Heilswille – siehe: Kirche und Stellvertretung

Herzensbeichte   *Siehe: Buße und Gebet*

Hoffnung auf die Zukunft und Auferstehung   Die Menschwerdung des Gottessohnes und die in seinem Tode und seiner Auferstehung vollbrachte Erlösung sind die Erfüllung der alttestamentlichen Erwartungen und Hoffnungen. Für einen jeden Menschen sind sie Grund seiner Hoffnung auf das ewige Heil. »Wir sind wohl gerettet, doch auf Hoffnung« (Röm 8,24).

Anstelle der alten, durch die Sünde von Gott entfremdeten Schöpfung kommt eine neue Schöpfung auf uns zu. Am Ende der Zeiten wird Gottes Wille sich in einem neuen Himmel und einer neuen Erde (Apk 21,2; 2Petr 3,13) endgültig durchsetzen.

In der rettenden Einwirkung des Heiligen Geistes in der Kirche auf deren Glieder und durch die Kirche auf die ganze Menschheit kommt die auf die sündige Welt gerichtete Liebe Gottes zur Geltung, der »will, dass alle Menschen gerettet werden und zur Erkenntnis der Wahrheit kommen« (2Tim 2,4).

Indem die Kirche die von Christus angekündigten, seiner Wiederkunft vorangehenden kosmischen, sozialen und persönlichen Drangsale und Erschütterungen im Auge behält, weiß sie um ihr Verantwortung für das unerschütterliche Zeugnis für die Wahrheit Christi, für den Sieg des Guten und des Friedens, der von Christus seinen Jüngern und Nachfolgern verheißen wurde (Joh 14,27).

Indem die Kirche als Ganze und jeder Mensch als Einzelner dem von Christus in seinem Dienst gegebenen Vorbild Nachfolge leistet, ist und bleibt es für sie selbstverständliche Aufgabe, die säkularen Hoffnungen der Menschen ernst zu nehmen, sich um die Gerechtigkeit und den Frieden in der modernen Gesellschaft zu bemühen. Sie muss in praktischer Verwirklichung das Gebot der Liebe erfüllen und dem eigenen Nächsten wie auch der Gesellschaft uneigennützig dienen. Indem sie das tut, ist sie Zeichen der Hoffnung für die ganze Menschheit. **ARN VIII**

Hohepriestertum Christi und Eucharistie In Hinsicht auf das Hohepriestertum Christi kann festgehalten werden, dass dieses Hohepriestertum von unseren beiden Kirchen völlig gleich angenommen wird. [...] Wir sind der gemeinsamen Überzeugung, dass jedes nur denkbare »Opfer der Christen« unlösbar verbunden ist mit dem ein für allemal für uns auf Golgatha gebrachten Opfer Christi. **ARN VII**
   Siehe auch: Buße und Gebet, Opfer Christi und Opfer der Gemeinde

Inkarnation   *Siehe: Versöhnung und Friede*

Interreligiöser Dialog   *Siehe: Kirchen und multikulturelle Gesellschaft*

Iustificatio   *Siehe: Christus und das Heil*

K

Kanon   *Siehe: Überlieferung und Schrift*

Katechese   *Siehe: Taufe und katechetisches Handeln*

Katechumenat   *Siehe: Taufe und Neues Leben*

Kindertaufe und Glaube   Der Vollzug der Kindertaufe wird übereinstimmend so begründet, dass hier der stellvertretende Glaube als Voraussetzung der Wirksamkeit der Taufe zum Heil bejaht wird. **HRH I**
   Siehe auch: Taufe und Glaube, Taufe und katechetisches Handeln

Kirche und Apostolizität   Die Apostolizität der Kirche wird von beiden Kirchen als eines der Hauptmerkmale der Kirche auf der Grundlage des von beiden anerkannten nicaeno-konstantinoplitanischen Symbols von 381 bekannt. Die Apostolizität umgreift die Gesamtheit der wichtigsten Seiten des kirchlichen Lebens: Glauben, Verkündigung, Vollmacht und Sakramentsverwaltung. Es wurde betont, dass *Episkope* ein besonders wichtiges Prinzip kirchlichen Lebens darstellt. Zwar ist das geistliche Amt mit dem Priestertum aller Gläubigen verbunden, kann aber nicht aus ihm abgeleitet werden. Amtsträger kann in der Kirche nur werden, wer in rechter Weise ordiniert ist. **ARN IX**

Kirche und Buße   Wir stimmen darin überein, dass es der Kirche nicht nur aufgetragen ist, zur Buße zu rufen, sondern auch denen, die Buße tun, die Vergebung von allen Sünden kraft des Kreuzes Christi in der Vollmacht des Heiligen Geistes, und damit des Dreieinigen Gottes, weiterzugeben, wie Christus selbst Sünden vergeben hat. Dies geschieht grundlegend in der Taufe und danach, für die

Christen, in der kirchlichen Buße in Wahrnehmung des der Kirche durch Christus übertragenen »Amtes der Schlüssel«. Dieser Auftrag ist von der Kirche im Laufe der Geschichte in verschiedenen Formen wahrgenommen worden; aber immer hat sie bezeugt, dass es in Christus Vergebung der Sünden gibt und hat solche Buße zur Vergebung der Sünden praktiziert. **GOS III**

Kirche und Charisma   Im Leben der Kirche durch die Jahrhunderte wirkt der Heilige Geist, der die göttliche Gnade schenkt, sowohl in den Charismen als auch in den Institutionen der Kirche, d. h. in den kirchlichen Ämtern, den Sakramenten und den Synoden wie auch in der Kirche als Ganzes. Wesentlich für das Leben der Kirche ist es, den unauflöslichen Zusammenhang von Charisma und Institution zu bewahren. **KON XIII**

Kirche und diakonischer Dienst   Wir stimmen darin überein, dass der diakonische Dienst zu den bleibenden Lebensäußerungen der Kirche gehört. **ARN XII**

Kirche und Dienst am Menschen   Der Dienst am Menschen hat seinen Ort auch und gerade in der Profanität, wo die Worte der Kirche nicht mehr eindeutig verstanden werden. [...] Dienst am Menschen ist Dienst am Ebenbild Gottes, für das Jesus am Kreuz gestorben ist – an dem Menschen, der deshalb Gott gehört; dem Gott, der ihn zur Vollendung in seine Gemeinschaft ziehen will (*Theosis*). **ARN XII**

Kirchen und Einheit   Jesus Christus ist Grund und Haupt der Kirche. Sie ist in Ihm eine Einheit, und er ruft alle Seine Jünger zur Bezeugung und Verwirklichung dieser Einheit. Daher darf sich die Begegnung von Christen aus getrennten Kirchen nicht beschränken auf gesellschaftliche Kontakte oder auf die Bekundung persönlicher oder zeitbedingter

Sympathie bzw. Antipathie. Es darf dabei auch nicht um rein ästhetische Urteile über die andere Kirche oder um lediglich phänomenologische Analysen gehen. Die Begegnung muss immer bestimmt sein von dem Bemühen um die Einheit in Wahrheit und Liebe.

Die Taufe im Namen des dreieinigen Gottes ist die Grundlage der Gliedschaft am Leibe Christi – der Kirche. Die Einheit der Glieder der Kirche findet ihre volle Verwirklichung in der Gemeinschaft am Tisch des Herrn. Erst diese Gemeinschaft bekundet dem einzelnen Christen die volle Einheit mit anderen Christen.

Von der Evangelischen Kirche wird die Orthodoxe Kirche als Kirche Jesu Christi anerkannt, insofern ihre Eigenschaften den Merkmalen entsprechen, welche nach dem Augsburger Bekenntnis (CA VII) die Kirchen Jesu Christi kennzeichnen, nämlich die reine Verkündigung des Wortes und die rechte Verwaltung der Sakramente.

Die Russische Orthodoxe Kirche betrachtet die zur Evangelischen Kirche gehörenden Christen als Glieder am Leibe Christi, aus Wasser und Geist geboren (Joh 3,5). Aber infolge der einen oder anderen subjektiven oder häufiger objektiven Ursache empfangen sie nicht die Gnade, die in der Fülle von der Orthodoxen Kirche ihren Gliedern durch das Priesteramt dargeboten wird und die ihrem Wesen nach als die Darbietung der Gaben des Heiligen Geistes (vornehmlich in den Sakramenten) erscheint.

Jeder von uns weiß, dass die Glieder der anderen Kirche in der Gewissheit und Zuversicht leben, in ihrer Kirche teilzuhaben an der Fülle der Verheißungen und Gaben, die der Herr Seiner Kirche gegeben hat und gibt. Deshalb ist für unsere Kirchen das Problem der Einheit besonders brennend. **ARN III**

Kirchen und Europa   In der Gegenwart sehen wir uns angesichts des sich einigenden Europas und der sich öffnenden Grenzen vor gemeinsame Aufgaben gestellt. Die orthodoxe und die evangelische Kirche bekennen sich zur gesamtchristlichen Verantwortung für die Zukunft Europas und wollen dazu ihren Beitrag leisten. **KON IX**

Die Teilnehmer sind sich einig, dass im Prozess der europäischen Einigung die Frage nach dem gemeinsamen Zeugnis und Dienst aller Kirchen noch größeres Gewicht erhalten muss. **KON X**

Im zusammenwachsenden Europa kommt den Kirchen des Westens und des Ostens eine besondere Mitverantwortung zu. Das christliche Menschenbild, das seine Quelle im trinitarischen Glauben hat, geht von der Gleichwertigkeit aller Menschen aus. Dementsprechend kann es keinen Vorrang einer Nation vor anderen geben. Die Botschaft des Evangeliums überwindet Überheblichkeit einer Kultur und nationalistische Vorurteile. Dies begründet den gegenseitigen Respekt und das friedliche Zusammenleben der Voelker. Die am 22. April 2001 unterzeichnete Charta Oecumenica beschreibt grundlegende ökumenische Aufgaben und kann so zu einer Basis für das Miteinander der Kirchen und der Völker in Europa werden. **BER KON**

Europa braucht nicht nur eine Gemeinschaft versöhnter Völker und Staaten, sondern auch eine Gemeinschaft versöhnter Kirchen. Es gilt dabei auch im Blick auf Religions- und Konfessionszugehörigkeit plurale Strukturen zu fördern. Europa soll nicht nur eine wirtschaftliche Einheit werden, sondern auch ein Mindestmaß an sozialer Gerechtigkeit für alle seine Bürger verwirklichen. Mit ihrem sozialethischen Zeugnis können die Kirchen das politische Gewissen wecken, damit verstärkt auf Solidarität, Gerechtigkeit, Gleichberechtigung, Chancengleichheit und den Schutz von Minderheiten geachtet wird [...]. Europa [...] soll Platz haben für unterschiedliche spirituelle Ausdrucksformen. Es soll weder politisch noch kulturell zentralistisch oder gar totalitär gestaltet werden, sondern plural und demokratisch [...]. Aus christlicher Sicht sollte die nationale Identität als Ort kultureller Gemeinschaft und

Kommunikation nach Möglichkeit gefördert werden. Dies kann jedoch nur gelingen, wenn die nationale Identität zugleich offen ist für die Schaffung einer noch größeren, auch über Europa hinausgehenden Gemeinschaft von Menschen und Völkern und so dem Frieden dient [...]. Staat und Kirche sind wie bisher auch in einem zukünftigen Europa zu unterscheiden. Die weitgehende Säkularisierung im privaten wie im öffentlichen Leben gehört zu unserer Welt [...]. Es gehört zum bleibenden Auftrag der Kirche, an ihren eigenen Werten festzuhalten. Dieser Auftrag verwirklicht sich auch im konkreten politischen und sozialen Leben unserer Kirchen. In diesem jeweils eigenen Kontext sollte sie für Freiheit, Demokratie und Menschenrechte eintreten. **GOS VIII**

Obwohl in Europa die Grenzen zwischen den Mitgliedsländern gefallen sind, hat es doch noch »nach innen Risse« und ein weiteres Zusammenwachsen der Menschen in Europa steht noch aus. In dieser Situation, in der die Politik schnell Wirklichkeiten geschaffen hat, haben die Kirchen die besondere Aufgabe, die Menschen auf ihrem Weg zueinander geistlich zu begleiten. Die überall sinkende Prägekraft christlicher Traditionen bedeutet nicht automatisch die Abnahme des religiösen Interesses der Menschen. Weil das Vertrauen auf den gemeinsamen Herrn unserer Kirchen Jesus Christus das Handeln unserer Kirchen bestimmt, sind wir einerseits herausgefordert, manchen Auswirkungen dieser Situation entgegen zu treten, andererseits können wir sie als Herausforderung und Chance verstehen. Die Kirchen beteiligen sich an der gesellschaftlichen Debatte über Toleranz und Pluralismus, indem sie aus ihrem Auftrag heraus eigene normative Akzente einbringen. **GOS XII**

Die Teilnehmenden [...] erkannten an, dass die Annäherung der Länder und Voelker Europas dann positiv ist, wenn die Prozesse der europäischen Integration nicht zur Zerstörung der ethnokulturellen und geistigen Identität der Voelker, sondern zu ihrer bestmöglichen Entwicklung und Entfaltung führen. [...] Die Gesprächsteilnehmenden sind überzeugt, dass die Kirchen und Christen Europas dazu berufen sind, gemeinsam an den gesamteuropäischen Prozessen teilzunehmen, sie geistig zu beleben und sittlich zu verändern.

Sie erkennen als positiven Wert das Vorhandensein von verschiedenen Modellen der Beziehungen von Kirche und Staat und Volk in Europa und in der Welt an. Sie sind überzeugt, dass diese im europäischen Integrationsprozess nicht verloren gehen dürfen, sondern entsprechend dem jeweiligen Willen der Voelker und Staaten geachtet werden müssen.

Die Gesprächsteilnehmenden haben ihre Sorge geäußert, dass die derzeitigen Verhandlungen und Entscheidungen über die weitere europäische Integration nicht nur zu einem Zusammenwachsen, sondern auch zu neuen Trennungen zwischen Ost und West führen könnten. Deshalb ist es notwendig, frühere Feindschaften und Auseinandersetzungen durch Buße zu überwinden und gegenseitige Verständigung und Versöhnung zu praktizieren. Dazu sollten die Möglichkeiten der Konferenz Europäischer Kirchen genutzt werden.

Beide Seiten äußerten ihre Befürchtung, dass die Institutionen der Europäischen Union bestrebt und, unter Ausnutzung ihrer ökonomischen Stärke ihre politischen Regeln anderen Ländern, die noch nicht einmal deren Mitglieder sind, aufdrängen; dabei wird nicht berücksichtigt, dass in Europa und insbesondere in Russland eine Vielfalt von gesellschaftlichen Lebensweisen existiert, einschließlich islamischer Republiken, die sich nach westeuropäischen Vorbildern vereinheitlichen lässt. **BUR II**

Kirche und Evangelium Die Kirche ist der Hort des Evangeliums, das in ihr durch Wort und Sakrament verkündigt wird. **KON VI**

Kirche und geistlicher Dienst Beide Kirchen beauftragen einzelne Glieder für einen besonderen Dienst des Geistlichen. Auch hier spielt das Volk Gottes in beiden Kirchen eine große Rolle. Die jeweilige Weihehandlung (orthodox) und Ordination (evangelisch) wird in einem Abendmahlsgottesdienst vollzogen. Im Namen des Volkes Gottes erbittet der Bischof gemeinsam mit der anwesenden Gemeinde durch die entsprechenden Gebete und durch Handauflegung die Gnade des Heiligen Geistes.

In beiden Kirchen wird der besondere Auftrag des Geistlichen als Dienst beschrieben. Christus hat sich selbst als Diener bezeichnet und hat seine Apostel beauftragt und bevollmächtigt, indem er sie in seinen Dienst nimmt (Mk 10,43ff). Damit sind Herrschaftsansprüche abgewiesen. Zugleich wird deutlich gemacht, dass der Auftrag Christi im Wort und den Sakramenten für die Welt geschieht.

Bei einem Vergleich der Grundelemente von Priesterweihe und Ordination von Pastoren wurden folgende Grundelemente festgestellt: Bei beiden Kirchen werden die innere Berufung durch Gott (*vocatio interna*) und die äußere Berufung durch die Kirchenleitung (*vocatio externa*) vorausgesetzt.

Die Vollmacht für Weihe bzw. Ordination liegt beim Bischof.

Die Gemeinde hat die Möglichkeit der Zustimmung (»würdig ist er«) oder des Einspruchs.

Die Weihe bzw. die Ordination geschieht im Gebet, Bitte um den Heiligen Geist und Handauflegung (*benedictio*). Dabei ist vorausgesetzt, dass der eigentlich Handelnde Gott selbst ist.

Die Weihe bzw. Ordination dient dem Auftrag der Sendung (*missio*), nämlich das Evangelium öffentlich zu verkündigen und die Sakramente zu verwalten. Damit ist auch die Verantwortung für die rechte Lehre verbunden.

Die Weihe bzw. die Ordination verpflichtet den Geistlichen zur konkreten Verantwortung für den Mitmenschen und zu einer Lebensführung, die dem Evangelium gemäß ist (1Tim 4,12).

Die Weihe bzw. die Ordination gilt lebenslang. Sie ist unwiederholbar. In beiden Kirchen gibt es die Möglichkeit, dass die Geistlichen Rechte auf Beschluss der Kirchenleitung bzw. des Synods nicht wahrgenommen werden dürfen (»ruhen«). Es gibt jedoch keine neue Ordination, wenn sie wieder beigelegt werden.

Übereinstimmung bestand auch darin, dass sich aus der Weihe bzw. Ordination die Verpflichtung zur Wahrnehmung pastoraler Aufgaben ergibt.

Als wichtiger Aspekt wurde festgehalten, dass die Weihe bzw. die Ordination die Geistlichen verpflichtet, für die Einheit der Kirchen zu wirken. Beide Delegationen sind der Auffassung, dass die Einheit der Kirchen wesentlich zur Einheit der Menschheit in der konkreten Situation der heutigen Welt beitragen würde. **HRH IV**

Kirche und Gesellschaft Theorie (Betrachtung) und Praxis (Handeln) gehören zusammen als Widerspiegelung der Menschenliebe Gottes und Antwort auf den Ruf Christi. [...] Dabei werden die Konturen einer dienenden Kirche sichtbar, die sich auch den Hungrigen, Durstigen, Fremden, Nackten, und Gefangenen (vgl. Mt 25,35f) zuwendet. Dies erfordert, dass sich die Kirche auf die Strukturen und Möglichkeiten der modernen Gesellschaft einlässt. Zugleich bleiben beide Kirchen der gemeinsamen Tradition der Väter treu. **KON X**

Unsere Kirchen verstehen sowohl den Staat als auch die Kirche als Größen, die in der gesellschaftlichen Öffentlichkeit aufeinander bezogen und zu einer positiven Zusammenarbeit verpflichtet sind. Weder legen unsere Kirchen ihren Gläubigen eine apolitische Haltung nahe noch darf der Staat den Glauben der Christen in die Privatsphäre abdrängen. Vielmehr fordern die Kirchen ihre Gläubigen zur Übernahme von Verantwortung in Gesellschaft und Staat auf. Zugleich ist der Staat auf dieses Engagement angewiesen. Ein Beispiel hierfür ist die gelungene Integration der Gläubigen der Griechisch-Orthodoxen Metropolie von Deutschland in die bundesrepublikanische Gesellschaft durch den Dienst ihrer Kirche. **KON XV**

Kirche und Heiligkeit Die Kirche ist heilig als der Leib Christi. Ihre Heiligkeit gründet in der ewigen Erwählung durch Gott den Vater, in der Menschwerdung, dem Selbstopfer und der siegreichen Auferstehung Jesu Christi, des Sohnes Gottes, und im Wirken des Heiligen Geistes, der die Schöpfung belebt und erneuert. Die Heiligkeit der Kirche erwächst aus der Teilhabe an ihrem Haupt und Herrn Jesus Christus, der sich ihr in der Predigt des heiligen Evangeliums und in den heiligen Sakramenten schenkt. **ARN XII**

Kirche und Katholizität Es besteht Übereinstimmung darin, dass sich die Kirche in der eucharistischen gottesdienstlichen Versammlung konstituiert, in der der dreieinige Gott in Wort und Sakrament an seiner Gemeinde handelt. Ihr Wesensmerkmal der Katholizität kann nicht von anderen Merkmalen der Kirche (Einheit, Heiligkeit, Apostolizität) getrennt werden. Die Katholizität ist eine Glaubensaussage der Kirche und behält von hier ihre besondere Orientierungskraft. Sie findet ihren Ausdruck im Nicaeno-Constantinopolitanum ebenso wie im Apostolicum. Sie ist Schöpfung des Heiligen Geistes, und hat als solche sowohl eine geschichtliche als auch eine eschatologische Dimension. Sie ist ebenso Aufgabe und kann nicht von einer geschichtlichen Kirche nur für sich allein in Anspruch genommen werden. Die Katholizität der Kirche ist weder eine Einheit ohne Verschiedenheit noch eine Verschiedenheit ohne Einheit. **GOS XI**

Jesus Christus, das Haupt der Kirche (Eph 1,22f; Kol 1,18), ist der Herr der Welt, dem alle Macht gegeben ist im Himmel und auf Erden (Mt 28,18; Eph 1,20f). Dies begründet die Katholizität (*Sobornost*) der Kirche, die die organische Einheit des Leibes Christi ist. Die Kirche bewahrt ihre Katholizität, indem sie an ihn glaubt und ihn jedermann verkündigt. In dieser Katholizität gründet die weltweite Ökumenizität der Kirche, ebenso ihre Konziliarität. **ARN XII**

Kirche und Lehre Schon die ökumenischen Konzilien verkündeten Lehren und bedurften der Rezeption (Zustimmung) durch die Gemeinden. Durch die synodalen und konziliaren Strukturen hat das allgemeine Priestertum auch in Lehrfragen bis heute ein Mitspracherecht und stellt so ein Korrektiv zum Lehramt der Geistlichen dar. **HRH IV**

Kirchen und Menschenwürde Der Begriff der Menschenwürde stellt nicht nur den hohen Wert des menschlichen Geschöpfes fest, sondern er ruft auch auf zu einem wahrhaft freien Leben, das mit Tugend und Verantwortung verknüpft ist. In diesem Sinne bestätigt Freiheit im christlichen Sinn die Menschenwürde. Sie eignet von der Schöpfung her generell allen Menschen. Der Schutz der Menschenwürde ist darum eine grundlegende gesellschaftliche Aufgabe. Dieser Aufgabe sollen die Menschenrechte dienen. Sie lassen sich allerdings nicht auf eine bloße Aufzählung von Vorrechten und Freiheiten reduzieren. Die Menschenrechte sind zwar ein wichtiger, aber nicht der einzige Weg, um die Menschenwürde zu schützen. Dennoch müssen sie im Leben der Gesellschaft und des Staates anerkannt und berücksichtigt werden. Bis in die jüngste Zeit hat die Kodifizierung der Menschenrechte nicht verhindert, dass menschliche Freiheit verletzt wurde. Immer wieder sind die Menschenrechte für eigene Interessen missbraucht worden. Die Moral lässt sich nicht allein in Formen des Rechts kleiden. Dennoch gehören zu den wichtigsten Bereichen der Zusammenarbeit zwischen Staat und Kirche die konkrete Ausgestaltung der Menschenrechte und außerdem ein Zusammenwirken im Bildungswesen und in den Medien. Die Teilnehmer kamen darin überein: Eine Abkehr der Gesellschaft von ethischer Orientierung bei der Umsetzung der Menschenrechte stellt eine Bedrohung für die Würde des Menschen dar. Die Dialogpartner betonten, dass sich die Kirchen von ihrem christlichen Glauben her in den gesellschaftlichen Diskurs einzubringen haben, indem sie helfen, für die ganze

Gesellschaft Freiheit zu beschreiben, Menschenrechte zu formulieren und Menschenwürde zu schützen. Gleichzeitig haben sie die Aufgabe, im Geist des christlichen Glaubens und der christlichen Liebe allen Tendenzen entgegenzutreten, wenn Menschen und Gruppen Begriffe wie Freiheit und Menschenrechte für eigene Zwecke missbrauchen. Auch haben die Kirchen die Aufgabe, den Staat an seine Verpflichtung zu erinnern, Freiheit und Menschenwürde für die Menschen zu schützen und in diesem Sinne Recht zu gestalten. **BUR V**

Kirchen und multikulturelle Gesellschaft In den Gesprächen im Anschluss an die Referate stimmten die Dialogpartner darin überein, dass beide Kirchen in einer multikulturellen Gesellschaft leben. Dies fordert von den Kirchen die Gestaltung ihres Verhältnisses zu den Vertretern der anderen Kulturen, Traditionen und zur Gesellschaft als ganzer. Darüber hinaus müssen die Kirchen klären, wie sich ihr Missionsauftrag zum interreligiösen Dialog verhält. Die christliche Antwort auf die Herausforderungen der modernen Welt, in der unterschiedliche Religionen, Kulturen und Weltanschauungen zusammenleben, entfaltet ihre Kraft nur dann, wenn sie sich nicht im Rahmen der eigenen Kultur abschottet, sondern auf der Grundlage von gemeinsamen christlichen sittlichen und geistlichen Werten zur Geltung gebracht wird.

Die Dialogpartner betonten, dass die Kirchen aus ihrem christlichen Glauben heraus aufgerufen sind, sich in den gesellschaftlichen Diskurs einzubringen. Dies sollen sie nicht allein tun, indem sie die christlichen Wurzeln der europäischen Kultur betonen, sondern indem sie die Frucht des lebendigen christlichen Zeugnisses in die Welt tragen. Dazu bedarf es eines klaren theologischen und geistlichen Profils. Die Kirchen dürfen ihre Botschaft und ihr Glaubensleben nicht verbergen, sondern müssen ihren Auftrag gegenüber der gesamten Gesellschaft vertreten. **ROS**

Kirche und politische Verantwortung   Wir waren uns einig, dass die politisch-gesellschaftliche Verantwortung der Kirche zu ihrem Wesen als Leib Christi gehört. Sie ergibt sich daraus, dass die Kirche als Gemeinschaft in Christus zu Gott, zu den Mitmenschen und zur ganzen Schöpfung in Beziehung steht. Dieser Beziehungscharakter der Kirche [...] konkretisiert sich vorrangig in der eucharistischen Versammlung. Eng verbunden mit der Feier des Opfers Christi in der Liturgie ist die »Diakonia« der Kirche an der Welt. Dabei bemüht sie sich um konkrete Antworten auf die Vielfalt der Leiden und der Bedürfnisse der Menschen. Der Dienst, der soziale, ethnische und religiöse Schranken überschreitet (Lk 10.29-37), wird so zum Prüfstein der christlichen Identität. [...] Im politischen Engagement der Kirche kommt die Liebe, die ihre soziale und solidarische Dimension entdeckt hat, zum Ausdruck. Die Politik ist in diesem Sinne eine Art, anderen zu dienen. Sie hat mit dem Reich Gottes zu tun, weil sie mit Gerechtigkeit zu tun hat, die ja eine messianische Gabe, ein Gut des Gottesreiches ist. So verstandene Politik zielt aufs Gemeinwohl, auf die Förderung von Gerechtigkeit, Menschenrechten und Versöhnung, auf das aufdecken von Korruption und Verletzung der Menschenrechte ab. [...] Der Sendung der Kirche widersprechen: die ausschließliche Identifikation mit dem Programm einer Partei, das Streben nach eigener politischer Macht und konfessionalistische Privilegierung der eigenen Kirche. **GOS IX**

Kirche und säkularisierte Gesellschaft   Es wurde festgestellt, dass die fortschreitende Säkularisierung der Gesellschaft die Kirchen vor besondere Aufgaben stellt. Die Kirchen leben auf der einen Seite in Gesellschaften, die mehrheitlich vom Glauben, von Gott und von kirchlichen Traditionen wenig oder nichts wissen und die ihr Zusammenleben nicht nach christlichen Werten gestalten. Auf der anderen Seite ist dieses »geistliche Vakuum« mit einer

Vielzahl von Ideen unterschiedlicher religiöser und pseudo-religiöser Gruppierungen ausgefüllt. In dieser Situation sollten die Kirchen nicht nur eine Gefahr, sondern auch die Möglichkeit sehen, sich am gesamtgesellschaftlichen Dialog zu beteiligen und gemeinsam mit anderen gesellschaftlichen Gruppen die Gesellschaft zu gestalten. Gerade was die Grundwerte einer Gesellschaft, z. B. die Spiritualität, die Sittlichkeit, die Rechtskultur, Bildung und Kultur, die Gestaltung des politischen Lebens und die sozialen und moralischen Prozesse angeht, sind die Beiträge und die Mitwirkung der Christen unverzichtbar.

Gleichzeitig sollten sie sich aber hüten, in ihrem eigenen kirchlichen Leben durch eine falsch verstandene, allgemeine Liberalität biblische Grundlagen und christliche Werte in Frage zu stellen und so dem gemeinsamen Zeugnis der Kirchen zu schaden. Die beste Art der Auseinandersetzung mit den verschiedenen religiösen Gruppierungen ist ein einladendes, überzeugendes Zeugnis der Christen in Lehre und Leben. Die Kirchen sind aufgerufen, durch bessere Predigt auf die Herausforderung durch Sondergemeinschaften und neue religiöse Bewegungen zu antworten und die Gläubigen, die Gesellschaft und den Staat über deren Gefahren aufzuklären. **BUR II**

Kirche und Schöpfung Gottes Beide Seiten waren der Überzeugung, dass die Kirche als der Leib Christi das geheiligte Volk Gottes, seine Schöpfung und sein Eigentum ist. **KON VI**

Kirche und Staat Unsere Kirchen sehen die Aufgabe des Staates vor allem darin, in der Welt nach Maßgabe menschlicher Einsicht für Recht und Frieden zu sorgen. Diese kommen auch der Erfüllung des Auftrages der Kirche zugute, welcher in der Bezeugung des Evangeliums in der Welt und zum Heil der Welt besteht. [...] Grundsätzlich stimmen wir darin überein, dass Kirche und Staat sich nicht gegenseitig instrumentalisieren, bevormunden, idealisieren oder marginalisieren dürfen. Auch nationalkirchliche Organisationsstrukturen, wie sie sich im Laufe der Geschichte herausgebildet haben, sind als solche theologisch nicht normativ. Die europäischen Erfahrungen des letzten Jahrhunderts [...] haben gezeigt, dass eine Entflechtung der Beziehungen von Kirche und Staat sowohl zum Wohle der Kirche als auch des Staates sein kann [...] Gemeinsam bewerten wir die religiös-weltanschauliche Neutralität des Staates positiv, die jedoch nicht im Sinne eines Laizismus missverstanden werden darf. [...] Die Kirche und der Staat müssen sich gegenseitig in ihrer Selbständigkeit respektieren, sich dialogisch begegnen und in Bereichen zusammenarbeiten, in denen dies erforderlich ist. Die historisch gewachsenen Modelle des Verhältnisses von Kirche und Staat im Sinne einer »Symphonie/Synallelie« oder einer »Zwei-Reiche-Lehre« müssen jeweils im aktuellen politisch-gesellschaftlichen Kontext neu durchdacht und gegebenenfalls weiterentwickelt werden. **KON XV**

Es entspricht dem Evangelium, wenn die Kirchen sich an der Gestaltung des gesellschaftlichen Lebens beteiligen [...].

Die Kirchen streben bei ihren Beziehungen zum Staat nicht nach Macht, sondern leisten der gesamten Gesellschaft einen Dienst. Unter den verschiedenen gesellschaftlichen Kräften sind gerade die Kirchen berufen, in der ersten Reihe der Verteidiger der Menschenrechte zu stehen. **BUR II**

Kirche und Stellvertretung   Die Kirche ist Gottes auserwähltes Volk, das auf den Ruf Jesu Christi hört (*ekklesia*) und ihm in der Nachfolge dient. Diese Erwählung bedeutet nicht die Verwerfung der übrigen Menschheit, sie dient vielmehr dem Heilswillen Gottes. Der Dienst der Kirche ist ein Dienst der Stellvertretung. Jesus Christus ist unser Stellvertreter, der unsere Sünden an das Kreuz hinaufgetragen hat und als der Auferstandene uns vor dem Vater vertritt. Vom einmaligen Opfer des menschgewordenen Sohnes Gottes lebt die Kirche und lebt auch ihr stellvertretender Dienst in der Welt. Er geschieht, indem wir die Liebe Christi weitertragen im Mitleiden mit den Leidenden, in der Mit-Freude mit den Fröhlichen, im Dienst nach unseren Kräften und in der Fürbitte für alle Menschen. **ARN XII**

Kirchen und Werte In der Diskussion über Fragen der christlichen Ethik haben die Teilnehmenden am Dialog unterschiedliche Traditionen in der biblischen Hermeneutik und in der theologischen Beschreibung der christlichen Moral festgestellt. Sie betonen, dass der Dialog zwischen den Kirchen sich nicht darauf beschränken darf, einen Konsens im theoretischen Bereich der christlichen Ethik zu erreichen. Das Ziel muss sein, sich auf ein einheitliches Verständnis des geistlichen Lebens in Christus zu verständigen. Insofern erbrachte der Dialog eine Übereinstimmung in der Frage des Umgangs mit dem Thema der ethischen Werte. Beide Seiten legten Wert auf ihre Begründung im christlichen Glauben und in der biblischen und kirchlichen Tradition. Das christliche Verständnis der Werte muss in der heutigen europäischen Gesellschaft teils verteidigt, teils in neue ethische Wertvorstellungen eingebracht werden. Hierbei sind die christlichen Werte im öffentlichen Bereich, wie etwa den Schulen, den Medien, der Seelsorge in öffentlichen Einrichtungen, aber auch in aktuellen Diskussionen wie z. B. über die Bioethik besonders wichtig. **BUR IV**

Siehe auch: Apostolische Sukzession und kirchliches Amt, Atomkrieg und Kirche, Christus und das Heil, Christus und Nachfolge, Communio sanctorum und Kirche, Ekklesiologie und Menschwerdung, Episkope und Kirche, Frauen und Amt, Glaube und säkularisierte Gesellschaft, Heilige und Gottes Verheißung, Heiligkeit Gottes und Heiligkeit der Kirche, Heiligung und Heiliger Geist, Heiligung und Neues Leben, Hohepriestertum Christi und Eucharistie, Hoffnung auf die Zukunft und Auferstehung, Konzilien und Ökumenizität, Nachfolge Christi und Heiliger Geist, Opfer Christi und Opfer der Ge-

meinde, Ordination und Sakramentalität, Reich Gottes und
Erneuerung, Sakramente und Kirche, Schrift und Tradition,
Taufe und Neues Leben, Theologie und Glaube, Veränderung
der Gesellschaft und Kirche, Verkündigung und Evangelium,
Versöhnungshandeln Gottes und Mitarbeit des Menschen,
Versöhnung und Friede, Versöhnung und Kirchen, Wesen der
Kirche und Gestalt der Kirche

Kirchengemeinschaft und Taufe Obwohl zwischen unseren Kirchen noch keine Kirchengemeinschaft besteht, betrachten wir unsere Gemeindeglieder gegenseitig als getauft
und lehnen es ab, im Falle eines Konfessionswechsels eine
neue Taufe vorzunehmen. Die am Dialog Teilnehmenden
begrüßten die Bemühungen der Kirchen in Deutschland
(Arbeitsgemeinschaft Christlicher Kirchen), eine Verständigung im Blick auf die gegenseitige Anerkennung der Taufe
zu erreichen. **KON XIII**

Kirchenväter und ökumenisches Gespräch Außerdem
wurde bekräftigt, dass die Kenntnis der altkirchlichen
Symbola sowie der Kirchenväter des Ostens und des Wes-
tens eine unerlässliche Hilfe auch für das ökumenische Ge-
spräch, das gegenseitige Verständnis und das gemeinsame
Glaubenszeugnis darstellt. Eine Berücksichtigung dieses
Anliegens wird die theologische Verständigung unserer
Kirchen erleichtern. **KON XIV**
Siehe auch: Gemeinschaft und Vollendung, Liturgie und
Diakonie, Taufe und katechetisches Handeln, Taufe und Sün-
denvergebung, Überlieferung und Schrift

Koinonia *Siehe: priesterlicher Dienst und Ordination*

Kondeszendenz *Siehe: Heiligkeit und diakonisches Han-*
deln

Konsensfindung, ökumenische *Siehe:* *apophatische*
Theologie und ökumenische Konsensfindung

Konzilien und Katholizität   Die ökumenischen Konzilien werden gemeinsam als Ausdruck der Katholizität der Kirche und deshalb von unseren theologischen Traditionen als autoritativ anerkannt. Die Rezeption der Beschlüsse der ökumenischen Konzilien geschah unter der Leitung des Heiligen Geistes im Leben der Kirche bereits im ersten Jahrtausend. Im Sinne eines lebendigen Aneignungsprozesses ist die Rezeption Aufgabe für jede Generation.

Konzilien und Ökumenizität   Die orthodoxen Theologen erkennen die unwandelbare theologische und ekklesiologische Bedeutung der sieben Ökumenischen Konzilien an, die unter Mitwirkung des Heiligen Geistes, in genauen dogmatischen Definitionen den Glauben der Kirche zum Ausdruck gebracht und ihre kanonische Ordnung festgesetzt haben.

Die evangelischen Theologen stimmen darin mit der Meinung der orthodoxen Theologen völlig überein, dass Gott in den alten ökumenischen Synoden die Kirche einen Weg geführt hat, auf den wir alle in Dankbarkeit blicken können. Wir hören in den dogmatischen Entscheidungen dieser Synoden in Wahrheit die Stimme des Heiligen Geistes.

Die orthodoxen Theologen, gestützt auf den Glauben, dass die Offenbarung Gottes einmal und völlig in der Heiligen Schrift und der apostolischen Überlieferung gegeben ist, lehnen die Möglichkeit einer Dogmenentwicklung ab und erkennen nur eine genaue Formulierung der Dogmen auf den Konzilien an.

Die evangelischen Theologen vertreten auch die Überzeugung: in den Konzilien gab es keine neue Offenbarung Gottes, sondern seine je neue Bestätigung gegen die Irrlehren der Zeit.

Die orthodoxen Theologen vertreten die Überzeugung, dass die Ökumenischen Konzilien Organe der Kirche waren, die in gleichem Maß sowohl das Bewusstsein der Kirche wie auch den Willen Gottes, der von dem Heiligen Geist manifestiert wird, reflektieren.

Die evangelischen Theologen meinen: Die Ökumenizität dieser Synoden gründet nicht in der Art ihrer Einberufung, sondern eben darin, dass die Ökumenische Kirche aus ihnen die Stimme des Heiligen Geistes hörte [...]. Die orthodoxen Theologen sind überzeugt, dass die Katholizität (*Sobornost*) ein wesentliches Kennzeichen der Kirche ist. Die orthodoxen und evangelischen Theologen meinen: Die Kirche darf in diesen Konzilien die Erfüllung der Verheißung Mt 18,17-20 sehen und daraus die Zuversicht schöpfen, dass sie auch in Zukunft Streitfragen auf synodaler Basis unter Anrufung des Heiligen Geistes wird entscheiden können. **ARN II**

Siehe: Apostelkonzil und Konzilien, Kirche und Lehre, Konzilien und Katholizität, Konzilien und Ökumenizität, Lehramt der Geistlichen und Mitspracherecht der Gemeinde, Schrift und Konzilien, Überlieferung und Schrift

Kreuz und Auferstehung Die christliche Heilslehre bedarf stets der Verankerung im apostolischen und altkirchlichen Bekenntnis zur Universalität des Heils in Kreuz und Auferstehung Christi. Die Herrschaft Christi über die ganze Menschheit, Sein Sieg über den Tod und die Gabe des neuen Lebens sind heute noch verborgen und nur im Glauben erfahrbar; auch das ist apostolische Lehre (Kol 3,3; Röm 8,24). [...] Ungeachtet der konfessionellen Unterschiede gilt sowohl für die Orthodoxie wie auch für die Lehre der Reformatoren – besonders für Luther –, dass Kreuz und Auferstehung trotz ihrer Polarität (Preisgabe an die Welt und Offenbarung der Herrlichkeit) voneinander untrennbar sind als die eine Erlösungstat des fleischgewordenen Gottes. **ARN V**

Siehe auch: Christus und das Heil, Kirche und Dienst am Menschen, Kirche und Stellvertretung, Versöhnung und Friede, Versöhnung und Kirchen

L

Laien Siehe: *Apostolische Sukzession und kirchliches Amt*

Latreia Siehe: *Heiligkeit Gottes und Heiligenverehrung,* logike L.: *siehe: Heiligung und Lebensvollzug*

Lehramt der Geistlichen und Mitspracherecht der Gemeinde Es ist eine besondere Aufgabe der Geistlichen, die Glieder der Gemeinde so zuzurüsten, dass sie für diese Funktion des allgemeinen Priestertums befähigt werden. Dadurch wächst gleichzeitig die Bedeutung der öffentlichen Wortverkündigung im Gottesdienst durch die Geistlichen. Schon die auf den ökumenischen Konzilien verkündeten Lehren bedurften der Rezeption (Zustimmung) durch die Gemeinden. Durch die synodalen bzw. konziliaren Strukturen hat das allgemeine Priestertum auch in Lehrfragen bis heute ein Mitspracherecht und stellt so ein Korrektiv zum Lehramt der Geistlichen dar. **HRH IV**

Liturgie und Diakonie Gottesdienst und Nächstendienst, der gottesdienstliche Lobpreis des Dreieinigen Gottes und das Alltagsleben der Christen gehören zusammen. Orthodoxe Christen sprechen in diesem Zusammenhang auch von der »Liturgie nach der Liturgie«. [...] Die Diakonie darf von der Liturgie und dem sakramentalen Handeln der Kirchen nicht getrennt werden. **KON X**

Für jedes der Themen, die im Laufe der Jahre in den einzelnen Begegnungen behandelt wurden, wurde auch die entsprechende diakonische Dimension kirchlichen Lebens und Handelns entfaltet, weil kirchliches Leben ohne Diakonie nicht denkbar ist. Die Erkenntnis, dass Diakonie im Zeugnis und Liturgie verankert ist, verstärkte auf beiden Seiten den Wunsch und das Bemühen, die gemeinsamen

Grundlagen neu zu entdecken, zu denen auch das Zeugnis der Kirchenvater gehört. **BER KON**

    Siehe auch: Glaube und Rechtfertigung, Überlieferung und Schrift

M

Märtyrer   *Siehe: Taufe und allgemeines Priestertum*

Menschenbild und christliche Wurzeln Europas   Da sie nach dem Bild Gottes geschaffen sind, sind alle Menschen gleichwertig und miteinander verbunden (vgl. Gal 3,28). Auf Grund dieser christlichen Anthropologie kann es keine qualitative Differenz zwischen den verschiedenen Völkern und dementsprechend keinen Vorrang einer Nation vor der anderen geben. Dies bedeutet eine Absage an jeglichen Nationalismus. Vielmehr sind alle Menschen und Nationen auf einander angewiesen und dazu berufen, gemeinschaftlich und solidarisch für einander einzutreten. Hier werden die christlichen Wurzeln Europas deutlich, für dessen Zusammenwachsen die Kirchen eine ökumenische Mitverantwortung tragen. **KON XII**

Menschenwürde, Menschenrechte   *Siehe: Gottesebenbildlichkeit und Menschenwürde, Kirchen und Europa, Kirche und politische Verantwortung, Kirche und Staat, Kirchen und Menschenwürde*

Mission, Missionsauftrag   *Siehe: Kirchen und multikulturelle Gesellschaft, Taufe und katechetisches Handeln, Veränderung der Gesellschaft und Kirche*

Mysterion   *Siehe: Ordination und Sakramentalität*

N

Nachfolge Christi und Heiliger Geist   Beide Kirchen haben in ihrer Geschichte hervorragende Persönlichkeiten, in deren Leben für die Zeitgenossen und Nachfahren sichtbar wird, was neues Leben in Christus [...] ganz konkret sein kann. [...] Über die Grenzen ihrer eigenen Kirche hinaus sind diese Gestalten eine »Wolke der Zeugen« (Hebr 12,1) für die ökumenische Christenheit. Wir können in ihnen etwas vom Wirken des einen Heiligen Geistes und die Wege der Nachfolger der einen Herrn Jesus Christus in der Mannigfaltigkeit der Gaben erkennen, wo wir auf die Einheit in der Verschiedenheit hingewiesen werden. **ARN IV**
   Siehe: Christus und Nachfolge, Heiligkeit und Nachfolge, Hoffnung auf die Zukunft und Auferstehung, Kirche und Stellvertretung

Nicaeno-Constantinopolitanum   *Siehe: Glaubensbekenntnis und Kirche, Kirche und Katholizität*

O

Offenbarung   *Siehe: Konzilien und Ökumenizität, Kreuz und Auferstehung, Schrift und Tradition, Theologie und Kirche, Überlieferung und Schrift, Wirklichkeit der Auferstehung und Wirkung der Auferstehung*

Oikonomia   *Siehe: Christus und das Heil*

Ökumenisch   *Ökumenische Christenheit: siehe: Nachfolge Christi und Heiliger Geist, (Ökumenisches Gespräch) siehe: Kirchenväter und ökumenisches Gespräch, (Ökumenische Konsensfindung) siehe: apophatische Theologie und ökumenische Konsensfindung, (Ökumenische Konzilien) siehe: Konzilien, Konzilien und Ökumenizität, (Ökumenische Synoden) siehe: Konzilien und Ökumenizität, (Ökumenizität) siehe: Konzilien und Ökumenizität, Kirche und Katholizität*

Opfer Christi und Opfer der Christen   Mittelpunkt des eucharistischen Gottesdienstes der Orthodoxen Kirche und der Evangelisch-lutherischen Kirche ist das Opfer unseres Herrn Jesus Christus, das er auf Golgatha gebracht hat. Christus ist der »Darbringer und der Dargebrachte« (Gebet des Zelebranten während des Cherubim-Hymnus). Die Gläubigen empfangen in der Kommunion den wahren Leib und das wahre Blut unseres Herrn Jesus Christus. **ARN VII**
Unsere beiden Kirchen bekennen gemeinsam, dass die heilige Eucharistie von dem Herrn Jesus Christus eingesetzt wurde, damit wir durch den Empfang der heiligen Gaben in der Feier dieses Sakraments der Versöhnung mit Gott und der Gemeinschaft mit ihm auf immer gewiss und teilhaftig werden. Wir stimmen darin überein, dass Jesus Christus selbst die entscheidende Heilsgabe ist, die wir in der Eucharistie unter Brot und Wein empfangen. Er kommt als der für uns gestorbene und auferstandene Herr in der

Mahlfeier zu uns, um in uns einzugehen und um uns mit sich und untereinander zu verbinden. Daher bekennen wir gemeinsam, dass wir nicht gewöhnliches Brot und gewöhnlichen Wein zu uns nehmen, sondern Jesus Christus selbst in seinem Leib und Blut wie er es uns in den Worten der Einsetzung zugesagt hat. Das Geheimnis seiner erlösenden Gegenwart widerfährt uns in der Eucharistie durch das Wirken des Heiligen Geistes.

Wir glauben ferner gemeinsam, dass wir in der Heiligen Eucharistie mit dem Herrn und allen seinen gläubigen zu einer gnadenvollen Gemeinschaft in der einen Kirche zusammengeschlossen werden, in der wir zum Erweis der Liebe unter einander und zu allen Menschen nach der Weise Jesu Christi berufen und verpflichtet werden. Wir bekennen uns mit dem apostolischen Zeugnis des Neuen Testaments zur Einmaligkeit und zur Unwiederholbarkeit des am Kreuz von Golgatha von Christus in Gehorsam gegen den Willen Gottes vollbrachten Sühneopfers. Es wird in der Feier des Heiligen Abendmahls jedes Mal aufs Neue in seiner erlösenden Macht zu allen Orten und an allen Zeiten vergegenwärtigt. Wir glauben, dass Jesus Christus nach der Lehre der Apostel als der himmlische Hohepriester jederzeit vor Gott kraft seines einmaligen Sühneopfers am Kreuz für uns Sünder eintritt und dass er unter dem Lob und Dank der Kirche in geheimnisvoller Weise selbst »der Darbringer und der Dargebrachte« ist, wie es im Gebet des Cherubim-Hymnus in der göttlichen Liturgie der orthodoxen Kirche zum Ausdruck kommt. Wir glauben auch gemeinsam, dass die Kirche und die Christen in der Nachfolge Jesu Christi in der Kraft ihrer Teilhabe am Geheimnis der Eucharistie zu einem Leben in Opferbereitschaft und Selbsthingabe berufen sind und dass jedes Opfer der Christen für andere im Opfer Christi für uns begründet ist. **BER ROK**

Opfer Christi und Opfer der Gemeinde Beide Seiten stimmen darin überein, dass die Heilige Schrift aus Liebe zur Kirche, in Wahrheitsliebe zu lesen und auszulegen ist. In der Praxis geht dabei die orthodoxe Exegese von der Glaubenstradition der Kirche aus, während sich die evangelisch-lutherische Bibelauslegung der historisch-kritischen Methode als Erkenntnismittel (nicht aber als Erkenntnisprinzip) bedient.

Trotz unserer unterschiedlichen theologischen und liturgischen Terminologie sind wir uns darin einig, dass in der Heiligen Schrift Jesu Kreuzestod weithin als Ereignis der von Gott gestifteten, von Jesus Christus gehorsam bejahten und ins Werk gesetzten Sühne verstanden wird und dass das von Jesus Christus dargebrachte Sühnopfer seines Lebens unüberbietbar und unüberholbar ist.

Es besteht weiterhin Übereinstimmung darin, dass der gekreuzigte und von den Toten auferstandene Jesus Christus nach der Lehre des Apostels Johannes und ebenso nach dem Hebräerbrief des Apostels Paulus als himmlischer Hohepriester vor Gott für die Sünder eintritt, und zwar kraft des von ihm selbst in Gestalt seines Lebens dargebrachten, unüberholbaren Sühnopfers.

Im Herrenmahl, das nach dem Sprachgebrach der Kirche auch als heilige Eucharistie bezeichnet werden kann, sehen beide Seiten gemäß biblischer Lehre das Sakrament, in dessen Feier Jesu Opfer auf Golgatha den Glaubenden in Brot und Wein vom Auferstandenen selbst zugeeignet wird.

Beide Seiten sehen in der Eucharistie das Sakrament, in dessen Feier die Kirche Christi von ihrem Herrn zu dem einen Leib Christi zusammengeschlossen wird und sich für die Glaubenden das Geheimnis des Friedens, der Liebe und der Einheit in der Zeit verwirklicht.

Es besteht ferner Übereinstimmung darin, dass sich für die so geeinte Gemeinde aus der Feier der Eucharistie heraus der Lebenseinsatz in der Liebe zur Suche nach Frieden und Heil für die ganze Welt öffnet. **ARN VII**
Siehe auch: Eucharistie und Amt, Eucharistie und Gemeinschaft, Heiligung und Lebensvollzug, Kirche und politische

O   Ordination und Sakramentalität

*Verantwortung, Kirche und Stellvertretung, Hohepriestertum
Christi und Eucharistie, Sakramente und Opfer Christi*

Ordination und Sakramentalität   Nach evangelischem
Verständnis wird die Ordination als sakramentales Handeln
verstanden, da sie dem Willen des auferstandenen Christus
entspricht, auch wenn sie nicht direkt auf seine Einsetzung
zurückgeht (Apologie Art. XIII). In der Ordination erfolgt
die öffentliche und gottesdienstliche Verkündigung und Bestätigung der Berufung und Beauftragung zum geistlichen
Amt unter Anflehung und Bitte um den Heiligen Geist. Die
Ordination ist zugleich ein kirchlicher Rechtsakt.

In orthodoxer Sicht macht insbesondere die eucharistische Funktion das Vorhandensein einer besonderen Gabe
beim Beauftragten notwendig, die ihr im Sakrament der
Priesterweihe (*mysterion*) verliehen wird. Sie befähigt zum
sarkamentalen Handeln. Die Fülle der Gnadengaben wurde
den Apostel am Pfingsttag übertragen. Das Sakrament der
Priesterweihe ist ein dogmatisch-kanonischer Akt. **HRH IV**
   *Siehe auch: Amt und hierarchische Stufung, Apostolische
Sukzession und kirchliches Amt, Kirchen und Einheit, Kirche
und Apostolizität, Kirche und geistlicher Dienst, Priesterlicher
Dienst und Ordination*

P

Perichorese   *Siehe: Wesensgleichheit und Perichorese*

Perpetua vox evangelii   *Siehe: Gottesdienst und perpetua vox evangelii*

Politik, politische Verantwortung   *Siehe: Kirchen und Europa, Kirche und politische Verantwortung, Versöhnung und Friede*

Predigt und Wirken des Geistes   Übereinstimmung wurde auch darin gewonnen, dass allein das Wirken des Geistes Gottes das menschliche Predigtwort zu Gottes eigenem Wort macht. **HRH I**
Siehe auch: Gottesdienst und Heiliger Geist, Kirche und Heiligkeit, Kirche und säkularisierte Gesellschaft, Schrift und Tradition, Verkündigung und Evangelium

Priesterlicher Dienst und Ordination   Die im Namen des Vaters, und des Sohnes und des Heiligen Geistes Getauften bilden die königliche Priesterschaft und das heilige Volk des Neuen Testamentes (1Petr 2,9; Ex 13,6), das berufen ist zum Dienst Gottes in Gebet, Opfer, Lehre und Zeugnis. Alle Christen sollten aus dieser in der heiligen Taufe empfangenen Gnade leben, die sich im Lobpreis Gottes und im Dienst am Nächsten erweist, und in ihr wachsen.
Der priesterliche Dienst des ordinierten Amtsträgers ist von der Teilhabe am Priestertum aller Gläubigen zu unterscheiden. Doch ist die Teilhabe am Priestertum aller gläubigen Voraussetzung für den Dienst des ordinierten Amtsträgers. Die Berufung in das allgemeine Priestertum und der priesterliche Dienst der Amtsträger stehen ihrem Wesen nach nicht im Gegensatz zueinander, sondern sind aufs engste aufeinander bezogen.

Die biblischen Aussagen über das königliche Priestertum beschreiben die Weise der Teilhabe des getauften Christen an der Sendung des Volkes Gottes und müssen im Zusammenhang der Aussagen der Heiligen Schrift über die Kirche als *koinonia* verstanden werden. Die Einsetzung in das besondere Amt des Hirten, Vorstehers und Lehrers der Gemeinde vollzieht sich in dem gottesdienstlichen Akt der Ordination, der auf biblischer Anordnung beruht und in dem unter Handauflegung die Gabe des Heiligen Geistes zum Dienst an der Einheit und Auferbauung des Leibes Christi herabgerufen und verliehen wird.

Die biblische Lehre vom Königlichen Priestertum des ganzen Volkes Gottes, das durch die heilige Taufe konstituiert wird, steht in einem unlösbaren Zusammenhang mit der Lehre vom ordinierten Priestertum, das seinen vollen Ausdruck in der *episkope* und in der Wahrung und sukzessiven Weitergabe der apostolischen Tradition in der Kirche findet. Zugleich ist es die wichtigste Aufgabe des kirchlichen Amtes, das Volk Gottes für seinen Dienst im Gottesdienst und Alltag zuzurüsten. **ARN XI**

Unsere beiden Kirchen lehren, dass die Kirche das priesterliche Volk Gottes ist, das durch Gott in Jesus Christus zum Gottesdienst und zum Dienst an den Menschen bestimmt ist und dazu mit den Gaben des Heiligen Geistes ausgerüstet wird. Wie die Heiligkeit der Kirche in ihrer Teilhabe an Jesus Christus begründet ist, geschieht auch der Dienst der Kirche als das priesterliche Volk Gottes durch ihre Teilhabe am hohepriesterlichen Dienst des Herrn Jesus Christus.

Vom Priestertum der Kirche reden unsere beiden Kirchen auf eine doppelte Weise. Es gibt das königliche oder allgemeine Priestertum alles Getauften einerseits und das besondere kirchliche Amt der dazu nach der Weisung des Herrn von der Kirche ordinierten Priester oder Pastoren andererseits. Beide Weisen des Priestertums in der Kirche sind vom Sakrament der Heiligen Taufe her zu verstehen. Sie gehören auch deshalb untrennbar zusammen, weil sie den einen heiligen Geist zur Quelle haben und gemeinsame Aufgaben erfüllen, wie z.B. die Bezeugung des Evangeliums, das Gebet und die Fürbitte, die Unterweisung im Glauben, die Werke der barmherzigen Liebe und den Dienst für Gerechtigkeit und Frieden unter den Menschen. Von dem königlichen oder allgemeinen Priestertum aller Getauften ist freilich das besondere geistliche Amt klar zu unterscheiden. Es kann nicht unmittelbar aus ihm abgeleitet oder in ihm begründet werden, da es auf dem besonderen Hirtendienst Jesu Christi beruht, der Menschen beauftragt hat, in der Nachfolge der Apostel seine Kirche in seinem Namen zu weiden und zu leiten. Das ordinierte geistliche Amt und das königliche Priestertum aller Getauften stehen aber deswegen in keinem Gegensatz zu einander. Sie bleiben vielmehr auf einander bezogen, da der geistliche Dienst der ordinierten Amtsträger der Zurüstung und Stärkung des ganzen Gottesvolkes zur Wahrnehmung des allgemeinen Priestertums in der Kirche und in der Welt dient.

Beide Kirchen bekräftigen das Erfordernis der Ordination zu dem besonderen geistlichen Amt in der Kirche und auch die Notwendigkeit des bischöflichen Dienstes (*episkope*) zur Leitung der Kirche. **BER ROK**

Siehe auch: Amt und hierarchische Stufung, Apostolische Sukzession und kirchliches Amt, Kirchen und Einheit, Kirche und Apostolizität, Kirche und geistlicher Dienst, Ordination und Sakramentalität, Taufe und Neues Leben

R

Rassenhass, Rassenhetze *Siehe: Auferstehung und Veränderung der Welt, Christen und Nichtchristen*

Rechtfertigung und Heiligung Dem Fragenkomplex »Das Heil in Christus« galt das Hauptinteresse des bisherigen Dialogs. [...] Evangelische Theologie, die hier traditionell von Rechtfertigung und Heiligung des Menschen spricht und dabei eher von einem Denken in juridischen Kategorien bestimmt ist, hatte jene patristisch-orthodoxe Konzeption der *Theosis* des Menschen einem radikalen Verdikt unterzogen [...]. In den [...] Dialoggängen ist es nun gelungen, das ontologisch-dynamische des Theosis-Begriffs sachgemäß zu verstehen als »Wiederherstellung und Erneuerung der in Christus angenommenen menschlichen Natur und ihre Erfüllung durch die ganze lebenspendende Kraft des Heiligen Geistes« [...]. »Rechtfertigung« als Begriff für den gesamten Heilsweg des Menschen entspricht dem orthodoxen Verständnis der »Theosis« des Menschen in einem breiteren Sinne. In einem spezifischen Sinn als endgültige Vervollkommnung der Gemeinschaft des Menschen mit Gott meint »Theosis« das, was in evangelischer Tradition als »Heiligung« des Menschen beschrieben wird. **BER RumOK**

Rechtfertigung und Versöhnung In der Rechtfertigung empfängt der Glaubende die Gabe der Versöhnung und der Erneuerung in Christus für sich (subjektiv) als neues Leben. Durch den Glauben, der sich in guten Werken kundtut, ist er wirklich (actualiter) in diese Versöhnung einbezogen und wird neue Schöpfung, die Gabe der Versöhnung wird manifest in der Liebe. [...] Die Versöhnung und Erneuerung der Welt in Christus ist göttliche Gabe und Aufgabe zugleich; denn sie ist eine göttliche Wirklichkeit, die sich immer mehr im Leben der Gläubigen in der Welt durch ihre Teilhabe an Christus aktualisieren muss in Erfüllung der Gebote in der Kraft, die den Glaubenden durch die Gnade Gottes zuströmt. Das Leben des Christen aufgrund der Versöhnung ist Leben in der sakramentalen Gemeinschaft der Kirche, im Wachsen in allem Guten und in ständiger Buße, bis Gott die Gabe der Sakramente in Seinem Reich zum Ziele führen wird. Auf diese Weise wirkt sich das Heil in Christus als Versöhnung und Erneuerung zu einer Befreiung und Heilung der Welt von den Kräften der Zerstörung aus. Das heißt zunächst, dass die wohltuenden Früchte der Versöhnung und Erneuerung in alle Lebensverhältnisse hineinwirken, indem sie das Vertrauen zwischen den Menschen und Völkern, sowie die Bemühungen um ein besseres Leben in der ganzen Welt unterstützen. In allem unseren Glauben und tun warten wir gemeinsam auf das Kommen Christi in Herrlichkeit, auf Gottes Reich, in dem er alles erfüllen und vollenden wird, was er hier auf Erden an uns und in uns begonnen hat. **GOS IV**

Siehe: Buße und Vergebung, Christus und das Heil, Glaube und Rechtfertigung, Heilige und Gottes Verheißung, Heiligung und neues Leben

Reich Gottes und Erneuerung   Das Reich Gottes setzt Menschen zur persönlichen Erneuerung und zur Verwandlung gesellschaftlicher Strukturen in Bewegung. Ebenso wurde klar, dass die Botschaft vom Reiche Gottes uns ermächtigt, mit Menschen, die sich aufgrund anderer Entwürfe für die Gestaltung einer menschenwürdigen Zukunft verpflichtet wissen, verantwortlich zusammenzuarbeiten [...]. Das Reich Gottes ist eine mit Christus in die Welt gekommene pneumatische Realität, deren Dynamik Menschen von Sünde und Tod und heillosen Bindungen befreit, zur Gemeinschaft mit Gott führt und ihnen ermöglicht, aktive Mitarbeiter Gottes in der Sorge für das wahre Wohl der Welt zu werden (Mt 12,22-28). [...] Das Reich Gottes ist universal. Es erscheint und als ein Ineinander von Diesseits und

Jenseits, von Gegenwart und Zukunft und wirkt auch auf den historischen Prozess der Entwicklung von Welt und Menschheit. Die Begriffe Reich Gottes und Kirche stehen in engem Zusammenhang, sind aber nicht identisch. Die Kirche ist das Instrument des Reiches Gottes auf Erden. Auch Reich Gottes und Welt sind nicht identisch. Das Reich Gottes beruft uns aber dazu, Gutes, Gerechtigkeit (einschließlich der sozialen Gerechtigkeit), Frieden sowie gegenseitiges Verständnis und Zusammenarbeit unter den Völkern zu finden. **SAG II**

Siehe auch: Wesen der Kirche und Gestalt der Kirche

S

Säkularisierung *Siehe: Kirchen und Europa, Kirche und säkularisierte Gesellschaft, Veränderung der Gesellschaft und Kirche*

Sakramente und Gegenwart Christi Die Sakramente sind eingesetzt, damit die Glaubenden am Heilswerk Christi Anteil bekommen und es sich ihrerseits bereitwillig aneignen. Der Heilige Geist vergegenwärtigt Christus im Vollzug der Sakramente und bewirkt ein neues Leben der Menschen in Christus. **GOS II**

Sakrament und Glaube Eine starke Konvergenz zeichnete sich bei dem Verhältnis von Sakrament und Glauben ab, weil auch der Glaube einen objektiven Grund hat, so sehr sich damit etwas Subjektives verbindet. **GOS II**

Sakramente und Kirche Volle Übereinstimmung ergab sich bei dem ekklesialen Charakter der Sakramente. Sie sind Gaben Gottes, die das Kirchesein ermöglichen und die nur innerhalb der Kirche vollzogen werden können, weswegen die Kirche einen sakramentalen Charakter hat. Eine deutliche Konvergenz zeichnete sich darin ab, dass die Sakramente nur durch einen von der Kirche ordnungsgemäß berufenen und eingesetzten Diener vollzogen werden dürfen. In solcher Berufung (Ordination) handelt Christus selbst und die Kirche in seinem Auftrag. **GOS II**
   Die Überlegungen zu Sakrament und Amt bringen die beiden theologischen Traditionen sehr nahe zueinander und öffnen gute Perspektive für eine konstruktive Diskussion über Ekklesiologie. **BER Rum**

Sakramente und Opfer Christi Was Vollzug und Wirkung der Sakramente anbelangt, so wurde von beiden Seiten festgestellt, dass die Sakramente immer auf das Opfer

Christi bezogen sind und die Glaubenden aus der Kraft dieses Opfers Christi zu eigener Hingabe aufgerufen werden, auch wenn dies in unseren Traditionen keinen gleichartigen Ausdruck gefunden hat. **GOS II**

Sakrament und Wort Bei dem Verhältnis von Wort und Sakrament besteht Übereinstimmung darüber, dass auch die dem apostolischen Glauben entsprechende Predigt des Wortes Gottes in der Kirche und durch die Kirche in der Kraft des Heiligen Geistes geschieht und glaubensstiftend wirkt. Weiter besteht Einmütigkeit darin, dass die sakramentalen Handlungen nicht nur durch das Wort begleitet werden, sondern dass sie selbst eine sichtbare Form des Wortes Gottes sind. **GOS II**

In beiden Kirchen haben die mündliche Predigt des Wortes Gottes und die Sakramentsfeier einen festen Platz im christlichen Gottesdienst, der in allen seinen Teilen vom Wirken des Heiligen Geistes zu unserem Heil durchdrungen ist. Insofern hat auch die Predigt des Evangeliums am sakramentalen Charakter des gesamten Gottesdienstes Anteil, in dem Jesus Christus als der gekreuzigte und auferstandene Herr mit seiner göttlichen Heilsmacht gegenwärtig ist. Daher ist die Predigt nicht nur eine bloße Belehrung über das Heil, das uns in Jesus Christus geschenkt wird. Sie ist vielmehr in ihrem Wesen ein Geschehen, in dem Gott selbst durch den Prediger zu uns redet, den Glauben weckt und zu unserem Heil an uns handelt. **BER ROK**

Dort, wo der Heilige Geist als Gottes lebens- und glaubensstiftende Gegenwart erfahren wird, kann dies zu einem neuen ökumenischen Wort- und Sakramentsverständnis führen. Die Einsicht, dass nach orthodoxem Verständnis der Heilige Geist in den Sakramenten wirkt (vgl. die Epiklese), macht dies besonders deutlich. [...] Predigt und Sakrament [...] Sind lediglich unterschiedliche Wege zu demselben Heil in Christus, das in der Kirche weitergegeben wird. [...] Sichtbarer Ausdruck der wachsenden Gemeinschaft zu

»einem heiligen Tempel des Herrn« (Epheser 2,21) ist die gegenseitige Bereitstellung von kirchlichen Räumen zur Feier von Gottesdiensten. **BER KON**

Siehe auch: Christen und Nichtchristen, Christus und Nachfolge, Christus und Sakrament, Episkope und Kirche, Eucharistie und Gemeinschaft, Gottesdienst und Heiliger Geist, Heiligkeit und diakonisches Handeln, Heiligkeit und Nachfolge, Heiligung und Heiliger Geist, Kirche und Charisma, Kirchen und Einheit, Kirche und Evangelium, Kirche und Heiligkeit, Opfer Christi und Opfer der Gemeinde, Taufe und allgemeines Priestertum, Taufe und Kirche, Taufe und Neues Leben, Taufe und Sakrament, Verkündigung und Evangelium, Versöhnung und Kirchen, Wortverkündigung und Eucharistie

Sanctificatio   *Siehe: Rechtfertigung und Heiligung*

Schöpfung   *Siehe: Askese und Schöpfung, Atomkrieg und Kirche, Christus und das Heil, Kirche und politische Verantwortung, Hoffnung auf die Zukunft und neuere theologische Diskussion, Sonntagsheiligung und Schöpfung, Taufe und Glaube, Taufe und Sündenvergebung, Verantwortung und Schöpfung*

Schrift und Konzilien   Die ökumenischen Konzilien sind eine Gabe Gottes an seine Kirche. Die Heilige Schrift besaß auf allen sieben ökumenischen Konzilien hervorgehobene Autorität. Weil die Berufung auf die Heilige Schrift auch für die Anhänger der Irrlehre zentral war, kam den ökumenischen Konzilien die Aufgabe zu, das apostolische Verständnis umstrittener Aussagen der Heiligen Schrift zu bekräftigen und zu bestätigen. Insofern leiten die Entscheidungen der ökumenischen Konzilien ihre Autorität von der Autorität der Heiligen Schrift her. **GOS XI**

Schrift und Tradition   In der Theologie beider Kirchen hat die Tradition eine große Bedeutung, und damit verliert der

Gegensatz zwischen dem orthodoxen Prinzip »Hl. Schrift und Hl. Tradition« und dem evangelischen Prinzip »allein die Hl. Schrift« seine Schärfe.

Beide Kirchen erkennen eine Quelle der Rettung an: die Offenbarung Jesu Christi, die durch die Apostel den Menschen gegeben ist durch mündliche Predigt und Schriften.

Die Tradition darf niemals im Widerspruch zum Zeugnis der Schrift stehen. Ihre Übereinstimmung mit der Schrift ist das wesentliche Kriterium ihrer Echtheit.

Die Kirche soll zu allen Zeiten alles, was sie von den Aposteln empfangen hat, hören, bewahren und verkündigen.

Der Wille der Kirche und das Handeln der Kirche sollen in Übereinstimmung stehen mit allem von den Aposteln Empfangenen. Darum ist es notwendig, einen Unterschied zu machen zwischen dem von den Aposteln Überlieferten und dem von der Kirche selbst Festgesetzten. **ARN I**

In beiden Kirchen kommt der Heiligen Schrift eine unvergleichliche und unverzichtbare Rolle als dem grundlegenden Zeugnis von der Heilsoffenbarung Gottes in Jesus Christus durch den Heiligen Geist zu. Ebenfalls besitzt die Tradition für das Leben und für die Theologie in unseren Kirchen eine große Bedeutung. Es besteht Einigkeit darin, dass die Tradition nicht in einem Gegensatz zum biblischen Zeugnis vom Heilshandeln Gottes in Jesus Christus stehen darf [...]. Die Apostolizität der Kirche ist daran zu erkennen, dass sie in ihrem Leben und in ihrer Predigt als ihrer alleinigen Norm der im Neuen Testament zusammengefassten Lehrtradition der Apostel folgt [...]. Der bleibende Inhalt der Verkündigung der Kirche ist der für uns gekreuzigte, auferstandene und erhöhte Herr Jesus Christus. In der Verkündigung wird er uns als der Weg, die Wahrheit und das Leben mitgeteilt. **BER ROK**

Die Heilige Schrift, Altes und Neues Testament, hat für Leben und Lehre beider Kirchen fundamentale Bedeutung. In dem darin niedergelegten apostolischen Zeugnis gründet die authentische und zuverlässige Überlieferung von

Jesus Christus, den beide Kirchen als ihren Herrn und Heiland bekennen. Es ist derselbe dreieinige Gott, der sich in
der gemeinsamen Bibel offenbart. Und der Heilige Geist
verbürgt über die Jahrhunderte hinweg die heilbringende
Gegenwart der biblischen Botschaft. Zur Bestimmung des
Verhältnisses von Schrift und Tradition ist zu beachten,
dass die Schrift in die frühkirchliche Tradition eingebettet
ist und insofern nicht von der Tradition der Kirche getrennt
werden kann. Schrift und Tradition sind seit den Anfängen
der Kirche eng aufeinander bezogen. [...] In Verbindung mit
den altkirchlichen Bekenntnissen und den altkirchlichen
Dogmen (besonders mit dem ökumenischen Glaubensbekenntnis von Nizäa-Konstantinopel) dient die Schrift als
Maßstab zur Bestimmung der Lehre der Kirche und ihrer
Grenzen. **BER KON**
Für die Orthodoxen war es sehr wichtig, feststellen zu
können, das das *sola scriptura* der reformatorischen Kirche
nicht exklusiv zu verstehen ist, als ob es neben der Schrift
nichts mehr gibt [...]:»Nach orthodoxem wie nach evangelischem Verständnis gibt es neben der apostolischen Tradition
eine verlängerte lebendige Tradition, die für Glaube und
Kirche unerlässlich ist. Wir sind auch beide der Auffassung,
dass es in nachneutestamentlicher Zeit eine Tradition gibt,
deren sachliche Identität mit dem biblischen Zeugnis nicht
infrage steht«. Die theologische Bedeutung dieser Aussage
besteht darin, dass das Verhältnis zwischen Schrift und
Tradition im breiteren Kontext der apostolischen Tradition
betrachtet wird.
Für die Vertiefung des theologischen Gesprächs zwischen orthodoxen und reformatorischen Theologen im Hin-
blick auf das Verhältnis zwischen Schrift und Tradition war
dann weiter die Tatsache von großer Bedeutung, dass man
in diesem Dialog zwischen normativer Tradition (»heilige
Tradition«) und kirchlicher Überlieferung unterschieden
hatte. Dabei wurde hervorgehoben, dass der Gottesdienst
im Allgemeinen und die göttliche Liturgie auf besondere

Art und Weise als Ausdruck der Tradition bei der Auslegung biblischer Texte behilflich sein können. **BER RumOK**
Siehe auch: Bekenntnis und Schrift, Konzilien und Ökumenizität, Taufe und Sündenvergebung

Sobornost *Siehe: Kirche und Katholizität, Konzilien und Ökumenizität*

Sonntagsheiligung und Schöpfung An jedem Sonntag im Gottesdienst stehen die Christen vor Gott, dem Schöpfer, dankend und lobend. [...] Die Heiligung des Sonntags ist als gemeinsames verpflichtendes Gut aller Christen zu bewahren. **KON XI**

Staat *Siehe: Kirchen und Menschenwürde, Kirche und Staat*

Sünde *Siehe: Taufe und Kirche, Eucharistie und Gemeinschaft, Amt und Beichte, Buße und Vergebung, Buße und Gebet, Christus und das Heil, Heiligung und neues Leben, Taufe und Sündenvergebung, Taufe und Glaube, Reich Gottes und Erneuerung, Taufe und Neues Leben, Versöhnungshandeln Gottes und Mitarbeit des Menschen, Taufe und Dienst an der Welt, Heilige und Gottes Verheißung, Hoffnung auf die Zukunft und Auferstehung*

Synkatabasis *Siehe: Heiligkeit und diakonisches Handeln*

Symbola *Siehe: Kirche und Apostolizität, Kirchenväter und ökumenisches Gespräch, Überlieferung und Schrift*

Symphonie und Synallelie *Siehe: Kirche und Staat*

Synergie und Synergismus *Siehe: Heiligung und Neues Leben, Rechtfertigung und Heiligung*

T

Taufe und allgemeines Priestertum Durch die Taufe wird der Täufling zum allgemeinen Priestertum und damit zur Verkündigung des Wortes Gottes berufen. Die beiden Taufformeln »N.N., ich taufe dich im Namen des Vaters und des Sohnes und des Heiligen Geistes« (evangelisch) und »Es wird getauft der Knecht (die Magd) Gottes N.N. im Namen des Vaters und des Sohnes und des Heiligen Geistes« besagen inhaltlich [...] dasselbe. Beide Kirchen vertreten die Auffassung, dass die Taufe nur einmal vollzogen wird. Sie ist also unwiederholbar. Beide Kirchen praktizieren die Kinder- und die Erwachsenentaufe. Beide halten übereinstimmend an der hohen Bedeutung der Eltern und Paten für die als Kinder Getauften fest, weil diese mit ihrem Glauben die Verantwortung für die christliche Erziehung der Kinder übernehmen. Übereinstimmung besteht auch darin, dass die Taufe durch einen rechtmäßig eingesetzten Geistlichen vollzogen wird. In Ausnahmefällen kann sie in christlichen Kirchen von Laien vollzogen werden. [...] Für unsere Kirchen gilt das Märtyrertum der nicht getauften Gläubigen in Christus als Taufe, sie wird Bluttaufe genannt. **HRH III** Beide Seiten stimmen überein im Verständnis der hohen Bedeutung des allgemeinen Priestertums, das dem Gläubigen im Sakrament der Taufe verliehen wird (1Petr 2,9). Das Priestertum eines jeden Christen ist die Gabe des ewigen Lebens, welche ihn zum Leben nach dem Glauben, zur Darbringung der Früchte des Glaubens (Mt 12,33-35) in persönlichen guten Werken und in der Verkündigung des Evangeliums verpflichtet (Mt 5,16). **SAG V**

Taufe und Dienst an der Welt Die Taufe stellt den Christen in der Welt in den steten Kampf gegen die Sünde. Dieses fortlaufende Ringen wird in der lutherischen Tradition oft als tägliche Buße bezeichnet; in der orthodoxen

Überlieferung spricht man von der Notwendigkeit einer ständigen inneren Erneuerung. [...] Buße und Eucharistie rufen den Christen stets zu dem ihm in seiner Taufe geschenkten Heil zurück. Sie helfen im Kampf gegen die Sünde und weisen den Getauften den Weg zu seinem Dienst in und an der Welt ein. **ARN IV**

Taufe und Glaube »Wer das glaubt und getauft wird, der wird selig werden; wer aber nicht glaubt, der wird verdammt werden« (Mk 16,16). Deshalb taufen wir Menschen jeden Alters, auch kleine Kinder. So heilt Gott seine Schöpfung und stellt uns, die Getauften, wieder in den Dienst zur Bewahrung der Schöpfung, als Überwindung der Überfremdung infolge der Sünde. In der hlg. Taufe wird uns das Heil auf Glauben geschenkt. **GOS VI**

Taufe und katechetisches Handeln Auf die Taufe ist das katechetische Handeln der Kirche bezogen, zu ihrer Vorbereitung, wie in der Zeit der Kirchenväter und der Mission, für die als Kinder getauften, damit sie verstehen und bewusst bejahen, was sie schon empfangen haben. **GOS VI**

Taufe und Kirche Die Taufe ist das Sakrament, in dem der Täufling durch Gottes Gnaden wirken von allen Sünden erlöst wird und zu einem neuen geistlichen Leben wiedergeboren und in den Leib Christi, die Kirche, eingegliedert wird. **HRH III**
Die hl. Taufe ist weder theologisch noch pastoral zu isolieren. Sie gliedert in die Kirche ein. Der Weg unter der Taufe ist das Leben in der Gemeinschaft der Kirche. In der Teilhabe an ihrem sakramentalen Leben wird die Taufgabe bestätigt und erneuert. **GOS VI**

Taufe und neues Leben Die Taufe ist das Sakrament der Kirche, das den Menschen in das neues Leben in Christus führt. Sie reinigt von der Sünde und erneuert durch die

Gnade Gottes zum Heil, sie stellt den Getauften unter die Herrschaft Christi und erfüllt ihn mit der Kraft des Heiligen Geistes. Sie ist Zeichen der Aufnahme des Täuflings in das königliche Priestertum aller Gläubigen. Die Taufe gliedert den Menschen in das Volk Gottes ein, d. h. in die Kirche. Dies hat tief greifende Folgen für das Leben der Kirche. Indem sie den Getauften in ihre Gemeinschaft aufnimmt, übernimmt sie die Sorge für seine geistliche Entwicklung. Aus dieser gemeinsamen Überzeugung unserer Kirchen ergeben sich die gegenseitige Anerkennung der Taufe und die praktischen Aufgaben, die aus der Taufe resultieren. Dies ist zugleich Ausdruck dafür, dass wir auf dem Wege zur sichtbaren Einheit der Kirchen sind. [...] Die Taufe begründet nicht nur die Zugehörigkeit zum Volk Gottes, sondern auch zu einer konkreten Gemeinde. Dem muss eine Taufpraxis entsprechen, die den Gemeindebezug deutlich herausstellt. [...] Die christlichen Kirchen, die wie wir die Säuglingstaufe praktizieren, haben die Verantwortung für die Erziehung der Getauften in Familie und Kirche. Auch der Katechumenat der Erwachsenen, die die Taufe empfangen wollen, gehört zu dieser Verantwortung. [...] Das Volk Gottes lebt mit seinen Gliedern in vielen Völkern. Das entspricht dem Missions- und Taufbefehl von Matthäus 28,17-20: Die Taufe ist für die Völkerwelt bestimmt. **SAG VI**

Weil die Taufe ein für allemal in ein neues Verhältnis zu Gott versetzt, ist sie einmalig, das heißt, sie kann nur einmal empfangen werden. Die Taufe kann im Notfall von jedem Christen vollzogen werden. Wir erkennen sie als gültig an, wenn auf den Namen des dreieinigen Gottes getauft wird und die Beteiligten damit der Weisung Christi folgen wollen. Die Art der Verwendung des Wassers (Untertauchung, Übergießen, Besprengen) hat keine Bedeutung für die Wirkung der Taufe. Sie kann je nach den Umständen, der lokalen Tradition und dem Alter des Täuflings frei gewählt werden. Die Taufe eines Erwachsenen ist nur dann sachgemäß, wenn er den Wunsch hat, sich taufen zu lassen, weil er Christus in

Busse und in lebendigem Glauben annimmt. Dass er sich auf die Taufe durch Aneignung der christlichen Glaubenslehre vorbereitet, ist wünschenswert. Die Taufe der Kinder, bei der auf Seiten des Täuflings eine Vorbereitung – bei Säuglingen – nicht oder – bei Heranwachsenden – nur bedingt möglich ist, wird vollzogen in der Gewissheit, dass die Gabe der Taufe ohne Verdienst des Menschen allein durch die Gnade Gottes gegeben wird. Sie setzt allerdings voraus, dass die Gemeinde und insbesondere Erziehungsberechtigte dafür eintreten, dass dem Kind die empfangene Gnade durch eine Beteiligung am Gottesdienst und durch Unterweisung im christlichen Glauben bezeugt wird. **ARN IV**

Unsere beiden Kirchen verstehen das Sakrament der Heiligen Taufe übereinstimmend als ein Geschehen der Wiedergeburt, durch welche wir in ein versöhntes Gottesverhältnis eintreten, die Gabe eines neuen Lebens aus Gott empfangen und Glieder am geheimnisvollen Leib Christi in der Kirche werden. Die Heilige Taufe stellt uns zugleich in einen täglichen, unablässigen Kampf gegen die Sünde, führt uns auf den Weg der Nachfolge Christi und macht uns zu Gottes Mitarbeitern in der Bezeugung des Evangeliums, in den Werken der Liebe und im Eintreten für die Gerechtigkeit, den Frieden und die Versöhnung unter den Menschen in der Welt.

Die Taufe ist einmalig und kann nicht wiederholt werden. Sie geschieht in der Erwartung, dass die christliche Gemeinde und insbesondere die Paten die neugetauften Glieder der Kirche auf ihrem Weg begleiten, so dass sie im glauben wachsen und lebendige Glieder der Kirche werden.

Nach der Feststellung beider Delegationen ist die Taufe, wie sie in beiden Kirchen geübt wird, ein von Gott gegebenes Sakrament. Das bedeutet, dass alle, die in beiden Kirchen getauft wurden, Glieder am Leibe Christi sind. **BER ROK**

Taufe und Sakrament Wir lehren in unseren Kirchen gemeinsam, dass die hl. Taufe ein Sakrament ist [...]. Sie ist die Quelle, aus der das »Leben in Christo« entspringt, für den einzelnen Christen und für das ganze sakramentale Leben der Kirche, das seine Mitte in der Eucharistie, dem hl. Abendmahl hat. **GOS VI**

Taufe und Sündenvergebung Die Taufe auf den Namen des Vaters und des Sohnes und des Heiligen Geistes ist nach dem Zeugnis der Heiligen Schrift und der Lehre der Väter Vergebung der Sünden, der Sünde von Adam her, an der wir teilhaben, und unserer eigenen Sünden. Sie ist zugleich neue Schöpfung als Eingliederung in Christus durch die Teilhabe an seinem Sterben und seiner Auferstehung, neue Geburt aus Wasser und Geist. Denn zur heiligen Taufe gehört die Gabe des heiligen Geistes so wie Ostern und Pfingsten zusammengehören. Dies haben wir gemeinsam von den Vätern der Kirche gelernt. **GOS VI**

Taufe und Zugehörigkeit zur Kirche Gegenüber dem Ungetauften hat der Getaufte niemals den Vorsprung der Leistung, sondern einzig den Vorzug der Gabe. So ist dem Getauften verwehrt, die endgültige Scheidung des Gerichtes vorzunehmen; der Ruf zum Heil im Zeugnis von Wort und Tat aber ist ihm geboten.

Getaufte und Ungetaufte, ob sie es wissen oder nicht, leben allein von der erhaltenden und rettenden Liebe Gottes, die in Jesus Christus offenbar ist. **ARN IV**

Siehe auch: Buße und Taufe, Christen und Nichtchristen, Heiligkeit und Nachfolge, Heiligung und neues Leben, Kindertaufe, Eucharistie und Amt, Euchariste und Gemeinschaft, Heiligkeit und Gedächtnis, Kirche und Buße, Kirchen und Einheit, Verkündigung und Buße, Versöhnungshandeln Gottes und Mitarbeit des Menschen, Versöhnung und Kirchen

Taufgelöbnis und Erneuerung   Die hl. Taufe ist nach den Lehren unserer Kirchen einmalig und kann nicht wiederholt werden. Aber die Gabe dieser einmaligen Taufe ist immer wieder zu erwecken, und es gibt Formen einer Erneuerung des Taufgelöbnisses. Im Grunde erneuern wir es jedes Mal, wenn wir in unseren Gottesdiensten das Glaubensbekenntnis sprechen. **GOS VI**

Theologie und Kirche   Beide Seiten erkennen an, dass die Theologie Sache der Kirche ist. Die Theologie soll dienen der Erklärung der Offenbarung Gottes, der Auslegung des Glaubens der Kirche und der Unterweisung der Glieder der Kirche, damit sie schaffen, dass sie selig werden [...].
Als wichtiges Problem für das christliche Zeugnis in der modernen Welt erscheint die Einheit der Christen in dem umfassenden ökumenischen Dialog der Christen und im Dienst an der Versöhnung der Menschheit (2Kor 5,19-20; 2Thess 3,16).
   Die Kirche lebt nicht in einem abgeschlossenen heiligen Raum, sondern inmitten der Welt. Es ist Pflicht der Christen, mit allen positiven sozialen Kräften zusammenzuarbeiten, die sich um ein Leben für die Menschheit bemühen, das frei ist von der Furcht vor Vernichtung, Hunger, von jeder Art von Unterdrückung und von dem Misstrauen zwischen Staaten mit verschiedenen gesellschaftlich-politischen Systemen.
   Ferner wird auf die Notwendigkeit hingewiesen, die Beziehungen zwischen der Evangelischen Kirche in Deutschland und der Russischen Orthodoxen Kirche auf dem Gebiet kirchlicher Kontakte und der Theologiegeschichte zu erforschen. **ARN II**
   Siehe auch: Apophatische Theologie und ökumenische Konsensfindung

Theosis   *Siehe: Christus und das Heil, Kirche und Dienst am Menschen, Rechtfertigung und Heiligung*

Tradition   *Siehe: Kirchen und Europa, Kirchen und multikulturelle Gesellschaft, Kirchen und Werte, Schrift und Tradition, Kirchen und säkularisierte Gesellschaft, Taufe und Neues Leben, Wesen der Kirche und Gestalt der Kirche, Wortverkündigung und Eucharistie*

Überlieferung und Schrift Die mündliche, von den Aposteln stammende Überlieferung geht der Heiligen Schrift zeitlich voraus und behält ihren eigenen Wert. Die heilige Schrift erschöpft nicht die Fülle der apostolischen Überlieferung (Joh 20,30; 21,25). [...] Ein großer Teil der Heiligen Überlieferung außer dem in der Heiligen Schrift Geschriebenen, hat in schriftlichen Texten Ausdruck gefunden, die nach der Zeit der Apostel verfasst worden sind. Solche sind die alten Symbole, die Glaubensbestimmungen der Ökumenischen Konzile, die alten Liturgien und Werke der Väter und Lehrer der Kirche. Diese schriftlichen Texte sind keine göttliche Offenbarung, doch sie sind ein zuverlässiges Mittel zur richtigen Auslegung derselben. [...] In der kirchlichen Überlieferung aber gibt es auch viele mündliche Tradierungen, hagiographische Berichte wie auch lokale kirchliche Bräuche [...]. Sie können nur tradiert werden, wenn sie ihrem Geist nach mit der Heiligen Schrift in Einklang stehen. [...] Um die auftretenden Schwierigkeiten beim theologischen Gespräch bzw. beim künftigen Dialog überwinden zu können, ist es notwendig, eine [...] Festlegung des Begriffes der apostolischen Überlieferung, des Umfanges und der zeitlichen Festlegung sowie der Authentizität der mündlichen apostolischen Überlieferung nach Abschluss des neutestamentlichen Kanons zu erzielen. Es ist auch eine Entscheidung darüber zu treffen, wie die Kontinuität der mündlichen apostolischen Überlieferung zu verstehen ist. **HRH II**

Siehe auch: Taufe und Dienst an der Welt

V

Veränderung der Gesellschaft und Kirche In den tief-greifenden Veränderungen ihrer Gesellschaften legen unsere Kirchen die Mahnung des Apostels Paulus neu aus: »Erneuert euch im Geist eure Gemütes [...] zieht den neuen Menschen an.« (Eph 4,23f) Wir Christen weichen immer wieder weit von dem Ziel unserer Berufung ab. Das gilt auch im Blick auf die hinter uns liegende schwere Zeit. Auch in unseren Kirchen haben wir oft geschwiegen, wo wir hätten reden sollen. Und manches reden wirkte wie ein Eingeständnis mit den Machthabern und ihrer Politik. Darum ruft uns unser Herr Jesus Christus auch in den gegenwärtigen Veränderungen zu Buße. [...] Angesichts der sich verändernden Gesellschaften haben die Kirchen auch neue Wirkungsmöglichkeiten nach außen, die sie mutig und entschlossen wahrnehmen sollten. Ihre Aufgabe besteht darin, in den eigenen Ländern ihren Missionsauftrag wahrzunehmen, ein lebendiges Zeugnis für Jesus Christus zu sein und die Menschen zu ihm zu rufen. Dabei stellt die Säkularisierung eine beispiellose Herausforderung für unsere Kirchen dar. [...] Die Veränderungen in Europa geben Raum für die Verwirklichung der kulturellen und nationalen Identitäten. Dadurch kann sich der von Gott geschenkt Reichtum der menschlichen Gaben und menschlicher Lebensformen neu entfalten. [...] Es gehört zum Dienst der Kirchen, die durch nationale Konflikte geschlagenen Wunden neu zu heilen. **SAG VII**

Verantwortung und Schöpfung Beide Delegationen stimmen darin überein, dass die Welt als Schöpfung Gottes und Gabe des dreieinigen Gottes zu betrachten und zu achten ist, in der der Mensch eine besondere Stellung und Verantwortung hat. Gott ruft den Menschen ins Dasein und schenkt ihm die Gemeinschaft mit sich und der ganzen Schöpfung.

Dies verpflichtet den Menschen, einerseits die Beziehung zu seinem Schöpfer nicht zu vergessen und andererseits seine Verantwortung für die gesamte Schöpfung als Haushalter (*Oikonomos*) wahrzunehmen. **KON XI**

Vor dem Hintergrund der gemeinsamen Verantwortung für die Schöpfung brachte die elfte Begegnung (Rhodos 1997) [...] Große Übereinstimmung hinsichtlich biblischer und altkirchlicher Grundlagen und tief verwurzelter Frömmigkeit. [...] Ausdruck dafür ist das in der Orthodoxen Kirche neu eingeführte Fest zum Schutz des Schöpfung, das am ersten September begangen wird. **BER KON**

Siehe auch: Kirchen und Menschenwürde, Kirche und politische Verantwortung, Verantwortung und Schöpfung, Freiheit und Verantwortung

Vergöttlichung, Verherrlichung *Siehe: Christus und das Heil, Gemeinschaft und Vollendung*

Verkündigung und Buße Unser Herr Jesus Christus hat seiner Kirche zusammen mit der Verkündigung des Evangeliums die Predigt der Buße aufgetragen (Lk 24,47), wie Er selbst Buße gepredigt hatte (Mt 4,17). Diese Verkündigung ruft zur Taufe (Apg 2,38), sie richtet sich aber auch an die Getauften (Apk 2,5); denn der Kampf gegen die Sünde hört nicht auf, solange wir leben. Weil wir, als einzelne und als kirchliche Gemeinschaft, unser Leben vor Gott zu verantworten haben und auf seine Barmherzigkeit angewiesen bleiben, durchzieht die Bitte um Vergebung den Gottesdienst der Kirche und das Gebet, ja das ganze Leben des einzelnen. **GOS III**

Verkündigung und Evangelium Die Verkündigung des Evangeliums an alle Kreatur (Mk 16,16) ist der Kirche von ihrem Herrn für alle Zeiten aufgetragen. Sie ist Fortsetzung des Wirkens seiner Apostel. Der bleibende Inhalt der Verkündigung ist der für uns gekreuzigte, auferstandene und erhöhte Herr Jesus Christus (1Kor 1,23; 1Kor 15,20; Mk 16,19). [...] Das Christuszeugnis wird durch das Leben der ganzen Kirche und aller ihrer Glieder ausgerichtet. Die Predigt im engeren Sinne ist die mündliche Verkündigung des Evangeliums, die vorwiegend im Gottesdienst der Gemeinde geschieht und einen unabdingbaren Bestandteil des Gottesdienstes der Gemeinde bildet. Die Predigt wendet sich an den heutigen Menschen. Sie will ihm vor allem den Inhalt des biblischen Zeugnisses nahebringen, so dass er es verstehen kann und es sich aneignen kann. Sie will ihm helfen, sein Alltagsleben unter Gottes Verheißung und Gebot zu leben und es auszurichten auf sein ewiges Heil. Die Predigt hat eine besondere katechetische Bedeutung als Unterweisung der Gemeinde im Glauben und als Anleitung zur Praktizierung des Glaubens. In der Verkündigung des Wortes Gottes und in den Sakramenten der Kirche ist der Heilige Geist am Werk, der die Kirche und ihre Glieder in Erfüllung der unumstößlichen Verheißung des Sohnes Gottes »in alle Wahrheit leitet« (Joh 14,13). **SAG I**

Siehe auch: Heilige und Gottes Verheißung, Kirche und Apostolizität, Kirche und geistlicher Dienst, Taufe und allgemeines Priestertum, Versöhnung und Kirchen

Versöhnung und Friede Die Kirche trägt die Verantwortung dafür, dass die Welt etwas davon erfährt, dass in ihr die Zeichen des Friedens allenthalben aufgerichtet werden, des Friedens, den Gott als Schöpfer und Erlöser seiner Welt gestiftet und in Jesus Christus, Seiner Inkarnation und Seinem Kreuz verwirklicht und durch Christi Auferstehung besiegelt hat.

Die Berufung zum Frieden verpflichtet die Christen zum Wirken für den irdischen Frieden.

In dieser Verantwortung hat nach unserem gemeinsamen Verständnis die Kirche die zu ihrem Wesen gehörende Solidarität mit den Nöten der Welt in mannigfacher Weise wahrzunehmen und zu bekunden. Dazu gehört: Die Bereitschaft, nüchtern die gegenwärtige Wirklichkeit aufzufassen und die Zeichen der Zeit dann richtig zu entdecken.

Die Bereitschaft zur Zusammenarbeit mit Nichtchristen bei dem gemeinsamen Bemühen um einen dauerhaften und gerechten Frieden und den allseitigen Fortschritt in der Welt.

Dabei sind der Dialog und die Zusammenarbeit zwischen Christen und Nichtchristen, darunter auch den Marxisten, hilfreich.

Das Bemühen, Hindernisse abzubauen, wie z. B. den Antikommunismus als Hassbewegung, die angebliche Unmöglichkeit eines Zusammenlebens und Zusammenwirkens von Ost und West.

Das Eintreten dafür, dass der Krieg als Mittel der Politik geächtet wird und dass es erste Pflicht der Regierungen ist, den Atomkrieg zu verhüten.

Freilich sind Aktivität und Ausrichtung der Teilnahme der Christen am Leben der Gesellschaft verschieden, und der Prozess des Hinausgehens der Christen in die Welt ist nicht einheitlich; er ist verbunden mit geschichtlichen und sonstigen Eigentümlichkeiten der Lage. **ARN III**

Versöhnung und Kirchen Der ganzen Menschheit ist die Versöhnung in Kreuz und Auferstehung des Herrn Jesus Christus widerfahren, der einzelne Mensch aber wird dem gekreuzigten und auferstandenen Christus in der Taufe zugeeignet [...].

Die Versöhnung ist eine von Gott in Christus gesetzte Wirklichkeit, unter der die Glaubenden die Welt sehen. Sie ist zugleich ein bleibendes Angebot an alle Menschen. Über die Frage, ob die Versöhnung eine sittliche Veränderung der Welt unabhängig vom Glauben hervorruft, konnte keine gemeinsame Aussage gemacht werden.

Die Versöhnung, die durch die Verkündigung und durch die Sakramente gewirkt wird, vermittelt Friede und Freude in Gott. Der Friede Gottes in Christus nimmt durch den Glauben, der in der Liebe wirksam wird, in der Gemeinde Gestalt an (Eph 2,14-22). Er begegnet den Menschen durch den Dienst der Kirche, nämlich in ihrer Verkündigung, ihren Sakramenten und ihrer Diakonie (Mt 28,19f; 2Kor 5,20; Röm 12,3-21), im Erweis der Nächstenliebe und als Beitrag der Christen zum Leben der Gesellschaft (Röm 13,1-7).

In seiner unergründlichen Barmherzigkeit hat Gott durch Christus alle Kreatur mit Sich als ihrem Schöpfer und Herrn versöhnt (2 Kor 5,18-19; Kol 1,20). Gott schenkt uns den Frieden als Frieden mit ihm selbst, als den Frieden im Gewissen und als Frieden für und mit den Nahen und den Fernen. Die Aufrichtung dieses Friedens geschieht in der heiligen Kirche, vor allem in ihrem Gottesdienst. Um die Bewahrung dieses Friedens müssen wir Christen in ständigem Kampf gegen die Sünde ringen und darin fortschreiten, getragen von der göttlichen Liebe, die uns eine unvergleichliche Freude verliehen hat: Wir sind berufen, tätige Teilnehmer, lebendige Werkzeuge der Herrlichkeit Gottes zu werden.

Das Geschehen der Versöhnung im Handeln der Kirche besteht nicht nur darin, dass die liebende und rettende Tat Gottes der Versöhnung der Menschheit in Christus unter uns durch Wort und Sakrament verkündigt und ausgeteilt, gefeiert und gepriesen wird. Sie besteht auch darin, dass die Christen selbst Taten der Versöhnung, der Friedens und der Liebe zu allen Menschen, den Nahen und Fernen tun (Eph 2,17; Mt 5,44-48). Die Kirche macht dabei der Welt keine Vorschriften, sondern dient nach Kräften aus ihrer Glaubenserfahrung durch Beispiel und Rat zur Erhaltung des Friedens und der Gerechtigkeit, und auch zur Förderung von allem, was zur Ehre Gottes dient. **ARN III**

Versöhnungshandeln Gottes und Mitarbeit des Menschen Versöhnung ist die Überwindung der sündhaften Verfassung des Menschen, seiner Feindschaft gegen Gott

(Röm 5,10). Sie ist von Gott durch den Gottmenschen Jesus Christus für alle Welt vollbracht.

Der Mensch empfängt in der Taufe die Gabe neuen Lebens und wird so der Versöhnung teilhaftig. Die Taufe ist der bleibende und der wirksame Grund christlicher Existenz.

Diese Gabe des neuen Lebens bleibt aber ohne Nutzen, wenn der Mensch in seinem Leben nicht nach dem Guten trachtet und einen ständigen Kampf gegen die Sünde führt. Doch dieses Bemühen ist nicht ein Verdienst: Es folgt aus der Erkenntnis, dass die guten Werke als Früchte des Glaubens zum Wesen des Heils gehören.

Christliches Leben im Frieden mit Gott findet seinen Ausdruck in mannigfaltigen Formen: im Gottesdienst, im Gebet, in der Verknüpfung des Wortes nicht nur in der persönlichen Lebensführung, sondern auch in der Verantwortung und im Einsatz für den Nächsten und die Welt.

Wenn der Mensch als Mitarbeiter Gottes bezeichnet wird, dann geschieht das in dem Sinn, dass der Mensch an dem beteiligt ist, was Gott tut, dass er gewürdigt wird, im Dienst von Gottes Handeln und Wollen zu stehen.

Die Beteiligung der Glieder der Kirche am Versöhnungshandeln Gottes an der Welt übersteigt die Grenzen der Kirche. Die ganze Welt bedarf der Heiligung und alle Menschen sind zu ihr berufen. Der Grund aber für das Versöhnungswerk der Christen in der Welt ist die Liebe Gottes, »die in unseren Herzen ausgegossen ist durch den Heiligen Geist, der uns gegeben worden ist« (Röm 5,5) und der uns veranlasst, in jedem anderen Menschen den Bruder zu sehen. **ARN IV**

Siehe auch: Christen und Nichtchristen; Christus und das Heil, Rechtfertigung und Versöhnung, communio sanctorum und Kirche, Kirche und politische Verantwortung, Theologie und Kirche, Versöhnungshandeln Gottes und Mitarbeit des Menschen

Weihe *Siehe: Amt und hierarchische Stufung, Kirche und Geistlicher Dienst, Ordination und Sakramentalität*

Werke *Siehe: Glaube und Rechtfertigung, Taufe und allgemeines Priestertum,*

Wesen der Kirche und Gestalt der Kirche Trotz der unterschiedlichen Terminologie sind sich deshalb unsere Kirchen bei der Beschreibung ihres jeweiligen ekklesiologischen Selbstverständnisses insofern in der Sache einig, als sie sich selbst jeweils als vollgültige Verwirklichung der einen Kirche Jesu Christi begreifen. Gemeinsam ist uns auch das Bewusstsein der Vorläufigkeit der irdischen Gestalt der einen Kirche Jesu Christi und ihr Hingeordnetsein auf die Vollendung im Reich Gottes. Übereinstimmung herrschte zwischen unseren Delegationen auch in der Überzeugung, dass es in der Geschichte der Kirche stets eine legitime Vielfalt der theologischen Ausdrucksweise, der kirchlichen Ordnungen und Riten sowie der Glaubenspraxis gegeben hat und dies auch weiterhin geben wird. Diese Vielfalt wird manchmal einerseits von einer Tendenz zur Verabsolutierung der einen oder anderen lokalen Tradition als der allein apostolischen und daher auch allein legitimen Praxis bedroht. Andererseits kann diese Vielfalt der kirchlichen Praxis, die ihren Grund in der Vielstimmigkeit des apostolischen Zeugnisses hat, auch nicht unbegrenzt sein und darf keinesfalls mit Beliebigkeit verwechselt werden. Aufgrund des unbestreitbaren Zusammenhanges zwischen dem Wesen und der Gestalt der Kirche lässt sich die wesentliche Einheit der universalen Kirche nämlich nur durch eine grundsätzliche Übereinstimmung der Kirchen in ihrer Lehre und in ihren Strukturen bewahren und in der eucharistischen Gemeinschaft erfahren. **GOS X**

Wesensgleichheit und Perichorese Das Wirken der Person (*hypostasis*) des Heiligen Geistes kann nicht vom Wirken der Personen des Vaters und des Sohnes getrennt werden und bezieht sich auf das gesamte Heilswirken des dreieinigen Gottes. Dieses Wirken hat seinen Ursprung in der Wesensgleichheit und gegenseitigen Durchdringung (*Perichorese*) der drei Personen der Heiligen Dreieinigkeit und bleibt damit verbunden. **KON VIII**

Wille *Siehe: Gnade und Wille, Hoffnung auf die Zukunft und Auferstehung, Freiheit und Verantwortung*

Wirklichkeit der Auferstehung und Wirkung der Auferstehung Das Osterzeugnis verkündigt nicht lediglich ein isoliertes Wunder. In der Auferweckung Jesu kommt vielmehr die Selbsterschließung Gottes zum Ziel, die vom Alten Testament bezeugt wird und sich in Jesu Erdenwirken ereignete. Das Osterkerygma (1Kor 15,3-5) überführt zum Glauben, indem es als die Mitte dieser Offenbarung verkündigt wird und in der Kraft des Heiligen Geistes den Hörer Gott zuwendet. **ARN V**

Wort *Siehe: communio sanctorum und Kirche, Sakrament und Wort, Taufe und Zugehörigkeit zur Kirche, Verkündigung und Evangelium, Versöhnung und Kirchen*

Wortverkündigung und Eucharistie Einig waren sich beide Seiten darin, dass Wortverkündigung und Feier der Eucharistie nicht voneinander isoliert gesehen werden dürfen. Vielmehr müsse man stets ihre enge Verbindung und gegenseitige Durchdringung im Auge behalten. Dabei wurde in den Gesprächen das Problem des sakramentalen Charakters der Wortverkündigung und des Verkündigungscharakters der Sakramente der Heiligen Eucharistie sehr eingehend erörtert. Diese Fragen werden in den beiderseitigen Traditionen unterschiedlich verstanden. **KON VII**
Siehe auch: Verkündigung und Buße

Z

Zeugnis *Siehe: Frieden und Trennung der Kirchen, Heiligkeit und Gedächtnis, Kirchen und multikulturelle Gesellschaft, Kirche und säkularisierte Gesellschaft, Schrift und Tradition, Taufe und Zugehörigkeit zur Kirche, Theologie und Kirche; Z., apostolisches: siehe: Wesen der Kirche und Gestalt der Kirche; Z., biblisches: siehe: Theologie und Kirche, Verkündigung und Evangelium*

Zwei-Reiche-Lehre *Siehe: Kirche und Staat*

BIBELSTELLEN

Bibelstellen

Joh	14,27	Hoffnung auf die Zukunft und Auferstehung
	17,1-26	*Communio sanctorum* und Kirche
	17,19	Heiligkeit und diakonisches Handeln
	20,30	Überlieferung und Schrift
	21,25	Überlieferung und Schrift
Apg	2,38	Verkündigung und Buße
	6,1-6	Amt und hierarchische Stufung
	11,30	Amt und hierarchische Stufung
	15,6	Amt und hierarchische Stufung
Röm	5,5.10	Versöhnungshandeln Gottes und Mitarbeit des Menschen
	5,12+18	Heiligung und Heiliger Geist
	6,4	Christen und Nichtchristen
	8,24	Hoffnung auf die Zukunft und Auferstehung; Kreuz und Auferstehung
	12,3-21	Versöhnung und Kirchen
	13,1-7	Versöhnung und Kirchen
1Kor	1,23	Verkündigung und Evangelium
	3,9	Auferstehung und Veränderung der Welt
	4,14	Amt und hierarchische Stufung
	10,16.17	Gottesdienst und Eucharistie
	11.25f.27ff	Gottesdienst und Eucharistie
	12,13	Gottesdienst und Eucharistie
	15,3-5	Wirklichkeit der Auferstehung und Wirkung der Auferstehung
	15,20	Verkündigung und Evangelium
2Kor	3,18	Heiligung und neues Leben
	5,18	Christen und Nichtchristen
	5,19f	Theologie und Kirche, Versöhnung und Kirchen
Gal	3,28	Menschenbild und christliche Wurzeln Europas
	4,19	Heiligung und neues Leben
	6,10	Gottesdienst und Eucharistie

Bibelstellen

Apk 2,5   Verkündigung und Buße
     14,13 Auferstehung und Veränderung der
            Welt
     21,2   Hoffnung auf die Zukunft und Auf-
            erstehung

ZU DEN AUTOREN

Prof. Dr. Reinhard Thöle D. D. ist Leiter des Seminars für Ostkirchenkunde an der Theologischen Fakultät der Martin-Luther-Universität Halle-Wittenberg und Fachberater für die Dialoge der EKD mit den Orthodoxen Kirchen.

Dr. Martin Illert ist Referent für Orthodoxe Kirchen im Kirchenamt der EKD und Lehrbeauftragter für Ostkirchenkunde an der Theologischen Fakultät der Martin-Luther-Universität Halle-Wittenberg.

Martin Illert |
Martin Schnindehütte (Hrsg.)

**Theologischer Dialog
mit der Rumänischen
Orthodoxen Kirche**

Die Apostolizität der Kirche |
Heiligkeit und Heiligung

*Beihefte zur Ökumenischen
Rundschau (BÖR) | 97*

290 Seiten | 14,5 x 21,5 cm
Paperback
ISBN 978-3-374-03780-3
EUR 38,00 [D]

Der Band enthält die Beiträge der zwölften Begegnung im bilateralen Theologischen Dialog zwischen der Evangelischen Kirche in Deutschland und der Rumänischen Orthodoxen Kirche vom März 2010 in Sambata de Sus und der dreizehnten Begegnung vom März 2013 in Drübeck/Sachsen-Anhalt. Die exegetischen, patristisch-kirchengeschichtlichen, systematisch-theologischen und praktisch-theologischen Referate der bereichern und ergänzen die zwischen beiden Kirchen erarbeiteten ekklesiologischen Perspektiven der vorangegangenen rumänisch-deutschen Dialoge von Cluj-Napoka (2002) zur »Einheit der Kirche« und Eisenach (2006) zur »Katholizität der Kirche«.

EVANGELISCHE VERLAGSANSTALT
Leipzig www.eva-leipzig.de

Tel +49 (0) 341/ 7 11 41 -16   vertrieb@eva-leipzig.de